学校心理学——体验式团体教育模式理论与实践(第2版)

韦志中 主编

清华大学出版社
北京

内 容 简 介

本书是国内体验式团体教育模式理论与实践专业图书,更是学校心理学具体实践的结果。本书是由一线老师、教育改革实践者、学校心理学家共同完成的专业著作。通过本书可以让读者对心理学中的团体教育模式在学校中的研究和应用有更清晰的认识,并且学习到具体的操作方法。

本书是德育教师、心理教师、班主任、教育教学研究者等教育工作者的必备参考用书。

本书封面贴有清华大学出版社防伪标签,无标签者不得销售。
版权所有,侵权必究。举报: 010-62782989,beiqinquan@tup.tsinghua.edu.cn。

图书在版编目(CIP)数据

学校心理学:体验式团体教育模式理论与实践/韦志中主编. —2版. —北京:清华大学出版社,2022.11
ISBN 978-7-302-62153-9

Ⅰ.①学… Ⅱ.①韦… Ⅲ.①教育心理学 Ⅳ.①G44

中国版本图书馆 CIP 数据核字(2022)第 204610 号

责任编辑:陈冬梅
装帧设计:刘孝琼
责任校对:周剑云
责任印制:宋 林

出版发行:清华大学出版社
网　　址:http://www.tup.com.cn, http://www.wqbook.com
地　　址:北京清华大学学研大厦 A 座　　邮　编:100084
社 总 机:010-83470000　　邮　购:010-62786544
投稿与读者服务:010-62776969, c-service@tup.tsinghua.edu.cn
质量反馈:010-62772015, zhiliang@tup.tsinghua.edu.cn
课件下载:http://www.tup.com.cn, 010-62791865

印 装 者:三河市君旺印务有限公司
经　　销:全国新华书店
开　　本:185mm×260mm　　印　张:12　　字　数:288 千字
版　　次:2014 年 5 月第 1 版　2022 年 12 月第 2 版　印　次:2022 年 12 月第 1 次印刷
定　　价:49.80 元

产品编号:092832-01

前　言

体验式教育是一种全新的培训和教育形式。"体验"是为受教育者创设一定的情境，让他们亲身经历、感受、验证与学习内容相关的东西，从而获得扎实的科学知识与技能，养成良好的道德品质。体验具有过程性、亲历性和不可传授性，是充满个性和创造性的过程。20 世纪 90 年代以来，体验式教育在发达国家就广泛应用，特别是体验式培训，在提高员工素质方面显示出优势，在大、中、小学中体验式教育也被大力推广。

我国体验式教育的研究与实践起步相对较晚，全国教育"十五"规划项目中才有相关体验式教育研究项目立项，我国体验式教育的实践也是 21 世纪才开始的。《学校心理学——体验式团体教育模式理论与实践》是作者在这一领域多年研究与实践的总结。

本书分为两部分：第一部分为基础理论及技术阐释；第二部分为体验式团体教育模式的具体实施。在第一部分中，作者由教育教学优化引出体验式团体教育模式的相关理论和实践，并提出体验式团体教育模式的"三位一体"思想，即教师心理资本优化、校园文化、学生优化及团体动力场优化，还阐述了体验式团体教育模式的操作技术。在第二部分中，作者分别从教师心理资本优化实践、校园生态文化建设及心理健康课、体验式团体教育模式下的班级建设(包括班会与家长会)、体验式团体教育模式下的课堂四个方面详细介绍了体验式团体教育模式的实施方法和技巧，并附有很多案例。

本书的第一个特色是理论联系实际，有很强的可操作性，适合中小学老师学习与应用。本书的第二个特色是教育与教学相结合，既可在思想教育中采用，也可在学科教学中应用，所以本书是中小学老师理想的学习材料，对研究体验式教育的专业人士也有很高的参考价值。

本书的作者韦志中，具有丰富的实践经验，在写本书过程中，有许多不足之处，望广大读者给予批评和指正。

编　者

目录

第一部分 基础理论及技术阐释

第一章 学校心理学概述 ... 3
第一节 什么是学校心理学 ... 3
一、学校心理学的概念 ... 3
二、学校心理学的基础理论构成 ... 3
第二节 学校心理学的发展及现状 ... 4
一、学校心理学的源起 ... 4
二、学校心理学的发展现状 ... 6
三、学校心理学的未来发展趋势 ... 9
第三节 学校心理学的研究方法及学校心理学专业的就业趋势 ... 10
一、学校心理学的主要研究方法 ... 10
二、各研究方法在学校心理学中的应用 ... 12
三、学校心理学家的培养 ... 13

第二章 教育教学过程最优化 ... 15
第一节 教育教学过程最优化理论 ... 15
一、教育教学过程最优化的概念 ... 15
二、巴班斯基理论的内容 ... 16
第二节 国内教育教学过程最优化进程 ... 19
一、开启基础教育课程改革 ... 19
二、深化基础教育课程改革 ... 20
三、全面深化课程改革 ... 21

第三章 体验式团体教育模式 ... 23
第一节 传统体验式教育 ... 23
一、体验式团体教育的概念 ... 23
二、传统体验式教育的教育过程 ... 23
三、传统体验式教育的基本形式 ... 24
四、传统体验式教育的基本途径 ... 24
五、传统体验式教育的基本原则 ... 24
六、传统体验式教育的评价 ... 25
第二节 体验式团体教育模式的基本理念 ... 26
一、体验式团体教育模式的主要观点 ... 26

二、体验式团体教育模式的理论基础 27
第三节 体验式团体教育模式的特点 28
　　一、系统性 28
　　二、全面性 29
第四节 体验式团体教育模式的评估 30
　　一、评估标准 30
　　二、评估时间 31
　　三、评估方法 31

第四章　体验式团体教育模式的"三位一体"思想 32

第一节 教师优化方面的"三位一体"思想 32
　　一、教师能力的"三位一体" 32
　　二、教师角色的"三位一体" 33
　　三、教学过程的"三位一体" 34
　　四、教学方法的"三位一体" 35
　　五、教师历史观的"三位一体" 36
第二节 学校文化的"三位一体" 36
　　一、校园文化 36
　　二、班级文化 37
　　三、课堂文化 40
第三节 学生优化的"三位一体" 41
　　一、学生优化的三个方向 41
　　二、学生成长的三条主线 42
　　三、学习的三个心理过程 43
第四节 团体动力场优化的"三位一体" 43
　　一、团体动力场优化的三个方向 43
　　二、课堂教学(角色)动力策略 43
　　三、教育教学三点动力运动 44
　　四、课堂中的三种动力模型 44

第五章　体验式团体教育模式操作技术 46

第一节 体验式团体教育模式中的技术 46
　　一、体验式团体教育模式的技术体系 46
　　二、体验式团体教育技术的来源和分类 47
　　三、团体技术的制作与转换 47
第二节 体验式团体教育暖身阶段操作技术 48
　　一、动作类团体技术示例 48
　　二、语言类团体技术示例 55
第三节 团体转换阶段操作技术 57

　　　　一、案例类团体技术示例 ·· 58
　　　　二、表演类团体技术示例 ·· 58
　　　　三、音像类团体技术示例 ·· 59
　　　　四、游戏类团体技术示例 ·· 60
　　第四节　团体工作阶段操作技术 ··· 67
　　　　一、艺术类团体技术示例 ·· 68
　　　　二、语言类团体技术示例 ·· 69
　　　　三、工具类团体技术示范 ·· 74
　　第五节　团体结束阶段的相关操作 ·· 75

第二部分　体验式教育模式具体实施

第六章　教师心理资本优化实践 ·· 79
　　第一节　教师的职业压力 ·· 79
　　　　一、教师职业压力的现状 ·· 79
　　　　二、教师职业压力的来源 ·· 80
　　第二节　教师心理资本优化缓解教师压力 ·· 81
　　　　一、教师心理资本的定义 ·· 81
　　　　二、教师心理资本优化的重要性 ·· 82
　　　　三、教师心理资本优化的方向 ·· 82
　　　　四、教师心理资本优化的形式 ·· 83
　　　　五、教师心理资本优化的主要内容 ·· 83
　　　　六、教师心理资本优化的评估与实施 ·· 83
　　第三节　教师心理资本优化操作方案 ··· 85
　　　　方案一　教师自我效能感提升工作坊方案 ··· 85
　　　　方案二　教师阳光心态塑造体验式教育团体方案 ···························· 87

第七章　校园生态文化建设及心理健康教育课 ··· 90
　　第一节　校园生态文化建设 ·· 90
　　　　一、基本概念 ·· 90
　　　　二、建设生态校园 ·· 91
　　　　三、构建校园人文文化 ·· 92
　　第二节　心理健康教育课 ·· 93
　　　　一、心理健康教育的概念 ·· 93
　　　　二、心理健康教育的基本原则 ·· 93
　　　　三、心理健康教育的教学要求 ·· 94
　　　　四、心理健康教育的教学方法 ·· 94
　　第三节　我国学校心理健康教育的现状与未来 ·· 96
　　　　一、心理健康教育的现状 ·· 96

二、心理健康教育存在的问题		97
三、心理健康教育课程的未来发展		98

第四节 各年龄段心理健康课主题实例 99
  一、小学阶段 100
  二、中学阶段 102
  三、高职大学阶段 105

第五节 学校心理危机干预 106
  一、学校心理危机干预的定义 106
  二、学校心理危机干预系统 106
  三、学校心理危机干预的预案 108
  四、学校心理危机发生时师生的心理反应 108
  五、学校心理危机发生时班级教师的干预技巧 109

第八章 体验式团体教育模式下的班级建设 111

第一节 体验式家长会 111
  一、家庭教育的重要性 111
  二、体验式家长会 112
  三、开设体验式家长会的要求 114

第二节 体验式家长会的实施方案与点评 116
  一、家长成长工作坊方案设计 116
  二、体验式家长会团体方案设计 118
  三、体验式家长会实例与点评 122

第三节 体验式班会 123
  一、传统班会 123
  二、体验式班会 125
  三、开设体验式班会的要求 127
  四、班会优化的"三位一体" 130
  五、体验式班会的实施 132
  六、体验式班会的评估 133

第四节 体验式班会的实施方案 133
  方案一 我爱我家 133
  方案二 相亲相爱一家人 135
  方案三 沟通从"心"开始 137
  方案四 凝聚产生力量，智慧成就人生 139
  方案五 我的方向 我的梦 141
  方案六 向左？向右(性教育主题) 142

第九章 体验式团体教育模式下的课堂 145

第一节 课堂的生命状态及影响因素 145

一、课堂的生命状态 145
　　二、教学效果最优化的影响因素 148
第二节　课堂中的教育心理技术 152
　　一、场地建设、控制和把握 152
　　二、课堂中教育心理技术 154
第三节　课例展示及分析 155
　　一、语文 155
　　二、数学 159
　　三、英语 160
　　四、政治 162
　　五、历史 164
　　六、地理 165
　　七、物理 166
　　八、化学 168
　　九、生物 170

参考文献 177

后记 178

第一部分

基础理论及技术阐释

本部分为基础理论及技术阐释,包括五章。第一章介绍学校心理学概述,阐述学校心理学的基本定义、发展历史和现状、研究方法等;第二章介绍教育教学过程最优化,包括教育教学最优化理论、国内外教育教学最优化的进程;第三章介绍体验式团体教育模式,主要介绍体验式团体教育的基本理念、特点及其评估;第四章介绍体验式团体教育模式的"三位一体"思想,系统地阐述了教师优化、学校文化、学生优化及团体动力场优化的三位一体思路和理论架构;第五章介绍体验式团体教育模式操作技术,主要包括团体技术的制作与转换,以及暖身、转换、工作、结束各阶段的技术转换方法和实例呈现。

第一章　学校心理学概述

学校心理学是 20 世纪学校教育改革运动中出现的一门新学科,是现代心理学、教育学、临床医学、认知神经科学和社会学等多学科的理论与学校教育实践相结合的产物。

第一节　什么是学校心理学

一、学校心理学的概念

学校心理学主要研究学生的人格、身心发展、认知、学习、适应能力等,同时也根据学校教育工作的内容和要求,对教师、家长进行适当的心理援助和咨询。实质上,它是一门关于在学校教育领域中如何开展心理辅导与咨询的学科。

心理辅导指的是心理辅导者对某个特定对象——心理求助者的自我成长、人格、适应能力等问题予以心理援助,使其问题得以解决,从而获得更好发展的一种心理学应用型技术。

学校心理辅导是以学校教育活动为背景的心理辅导和咨询,归属于学校心理学研究领域,主要以儿童和青少年的学习、适应、人格成长作为中心问题予以心理援助(被援助者有时不仅是学生,还包括家长和教师)。

本书中的学校心理学主要研究教师心理资本建设的理论与方法,通过校园生态文化建设完善学生人格及学习环境,同时,根据学校教学需要研究班级家长会、班会及课堂动力的发展规律,促进校园和谐。它是一门关于如何全面完善学校教育和心理健康工作的学科。

二、学校心理学的基础理论构成

学校心理学是心理学与学校教育相结合的一门新学科体系。这一学科体系涉及多种理论概念、教育模式,以及基础知识和实践技能,概括起来主要有三方面的基础理论支柱,如图 1-1 所示。

(1) 关于学生成长与发展的心理学基础理论。它主要涉及儿童和青少年的身心发展、学习、适应、障碍等问题所涉及的理论知识:教育心理学、人格心理学、社会心理学、学习心理学、生理(神经)心理学、发展心理学等领域。此外,学校心理学还应对学生中各年龄群(从幼儿到青年期)的发展问题,如"应该制定怎样的发展课题""怎样的发展状况属于正常范围的""会出现什么样的发展问题,如何解决"等提出心理学的解释和研究依据。

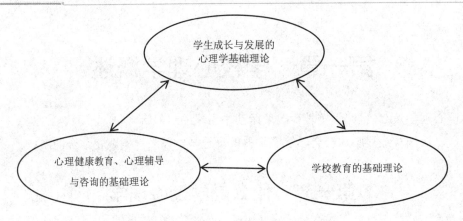

图 1-1　学校心理学的基础理论支柱

（2）关于学校教育援助咨询的基础理论。学校心理学是一门对学校教育进行援助咨询的学科体系，必须根据学校教育的实际情况来进行。而且，在学校中担任心理辅导和咨询的教师本身也是从事学校教育工作的一员，因此，掌握和熟悉学校教育的各种理论显得尤为重要。其中包括教育管理学、教育哲学、特殊教育学、各科教材教法、思想品德教育及教育行政制度、班主任工作等各方面的理论知识。

（3）关于心理健康教育、心理辅导与咨询的基础理论。学校心理学教育工作者的主要任务是进行心理健康教育，因此，心理测量和统计技术、心理辅导和咨询的技术、心理学调查研究方法和案例研讨技术等都是学校心理学的核心内容。心理辅导的目的是促进儿童、青少年的认知、情绪和自我理解的发展，解决他们成长中的适应问题。因此，不仅要对青少年进行集体和个别的心理辅导，还要向学校中的教师、家庭教育中的家长提供教育咨询和建议。每一个从事学校心理学的教育工作者都必须切实掌握心理健康辅导和咨询的基本原理与方法。

由此可见，学校心理学的研究范围和指导方向应当包含学生成长发展、学校教育援助咨询，以及心理健康教育和辅导三个方面的内容，根据我国学校心理学的发展现状来看，我国目前的研究领域主要集中于学校心理辅导和咨询，并且更多地集中于问题学生的应对和研究上，这明显不够，需要扩展更多的领域。

第二节　学校心理学的发展及现状

一、学校心理学的源起

(一)学生心理健康现状

联合国儿童基金会和世界卫生组织 2019 年联合发布数据显示，目前全球 12 亿 10 岁至 19 岁青少年群体中，约 20%存在心理健康问题；10 岁至 19 岁青少年群体遭受的疾病和伤害中，约 16% 由心理健康问题引发；在中低收入国家，10 岁至 19 岁青少年中约 15% 曾有过自杀念头；在 15 岁至 19 岁的青少年群体中，自杀已经成为第二大死亡原因。

据《中国国民心理健康发展报告(2019～2020)》调查显示，小学阶段的抑郁检出率为一成左右，其中重度抑郁检出率为 1.9%～3.3%，初中阶段的抑郁检出率约为三成，重度抑郁检出率为 7.6%～8.6%。高中阶段的抑郁检出率接近四成，其中重度抑郁的检出率为 10.9%～12.6%。抑郁水平随着年级升高而提高。大学生中有 18.5% 有抑郁倾向，4.2% 有抑郁高风险倾向；8.4% 有焦虑倾向；另一个特点是，女生抑郁程度略高于男生，非独生子女的抑郁程度高于独生子女。

2020 年，腾讯企鹅采访了两万余名初高中学生，联合简单心理共同完成了《2020 青少年心理健康报告》，报告显示约 50% 青少年表示有考试压力，初中生因父母带来的压力占比较高，高中生因未来发展迷茫和自我期望太高带来的压力占比更高。22.85% 的青少年表示有过抑郁的情绪感受，易发脾气、闷闷不乐、易紧张等情绪困扰。

从已经报道的调查数据来看，我国青少年心理健康现状堪忧，是时候采取行动来关注青少年心理健康了。

(二)家庭变故

美国一些学校的心理学家就离婚对儿童的影响进行了调查，他们发现父母离婚对儿童有着不同程度的影响。

父母离婚时，不同年龄的儿童的适应和反应是不同的。

(1) 2 岁半～3 岁 3 个月的儿童表现出倒退行为。
(2) 3 岁 8 个月～4 岁 8 个月的儿童表现出易怒、攻击性行为，以及自我责备和迷惑。
(3) 5～6 岁的儿童表现出更多的焦虑和攻击性行为。
(4) 7～8 岁的儿童表现出悲哀、害怕以及希望和解的幻想。
(5) 9～10 岁的儿童表现出失落感、拒绝、无助、孤独及愤怒与忠诚的矛盾。
(6) 11 岁以上的儿童表现出悲伤、羞耻，对未来和婚姻感到焦虑、烦恼、退缩。

据我国精神病学专家黄悦勤 1999 年的大学生人格障碍的调查，父母不和睦家庭子女的患病率为 5.56%，是父母和睦家庭的 2.5 倍；单亲家庭人格障碍的患病率为 11.76%，是双亲家庭的 5.9 倍。

国内外的心理学及精神病学者都认为夫妻关系紧张、不和睦、冷暴力、分居、离婚等对子女的行为影响很大。

由于我国传统文化及观念的影响，有的夫妻双方在孩子问题上难以达成一致。他们视孩子为自己的私有财产，不考虑孩子的需要，这就更容易造成对孩子身心发展的不良影响。

(三)网络成瘾

网络成瘾问题逐渐引起社会的关注。很多青少年青春期的时候，有一种很强的逆反心理，有回避大人监视的意识，对新鲜事物又充满了好奇，网络是最好的躲避环境，所以容易沉浸在虚拟网络的人际交往和游戏世界里。但是过度使用网络，会使青少年的我控制能力、认知能力下降，出现严重的动机冲突和情绪困扰，如焦虑、烦躁等，参与集体活动的动力也会减弱，严重影响了他们正常的生活交往。

(四)学校心理咨询的发展

学校心理学的一个重要任务是开展学校心理咨询。正是学校心理咨询事业的发展，才促进了学校心理学的产生、发展和推广。在中小学里，有"问题"儿童、青少年，也有"处境困难"儿童、青少年。经过学校创造条件、教师与家长的关心以及本人的努力，改变这种"问题"和"处境困难"的地位，使这部分儿童、青少年能够在中小学健康成长，学校心理咨询工作将在其中扮演重要角色。

(五)危机期问题的讨论

危机期出自危机论。它是当代西方心理学界流行的一种青少年观。该理论从西方社会的生活方式、人际关系和家庭结构的现状所造成的反抗社会、反抗成人、蔑视法律、铤而走险的事实出发，认为个体发展到青少年时期，不可避免地要出现反社会行为，要和现实、成人发生冲突。

这仅仅是发展心理学对青少年心理发展特征的阐述。如何开展进一步的讨论，特别是在教育实践中克服这种危机性，使青少年顺利地度过"危机期"，就要依靠学校心理学家来解决问题了。

综合以上五点，随着社会的发展和种种问题的出现，校园呼唤心理咨询的介入，学校心理咨询的初步发展为学校心理学奠定了基础，学校心理学正是在这样的社会背景中，逐渐产生并发展成熟。

二、学校心理学的发展现状

(一)国外学校心理学的发展

北美的美国、加拿大，欧洲的英国、法国、荷兰、奥地利、瑞典、丹麦，亚洲的印度、日本，非洲的南非，南美的巴西等国家都是学校心理学产生和发展比较早，并比较发达的国家。学校心理学从其产生到发展，国外主要是以美国学校心理学的发展状况为依据。

1. 萌芽期

1896年，心理学家魏特默创立临床和学校心理学，他被誉为"学校心理学之父"；1899年，斯坦利·霍尔被称为"儿童研究运动之父"；1907年，戴维斯在密歇根一所中学开展了每周一次的心理辅导课；1911年斯特恩首次提出"学校心理辅导教师"一词，1915年，格赛尔正式在杂志上确定"学校心理辅导教师"的称谓——"学校心理学家"。受美国心理测试运动的影响，1916年，美国斯坦福大学的心理学家们把它标准化后改名为斯坦福—比奈智力量表。

2. 产生期

1) 培训

1925年，美国第一个学校心理学培训项目在纽约大学成立，包括本科和硕士项目。1930年，美国出现了第一个学校心理学的博士，并且首期在纽约州和宾夕法尼亚州批准了学校心理学家证书。

2) 证书颁发

20世纪20年代中期美国采用学校心理测验员的聘用考试制度。聘用条件为：①有心理学硕士学位；②有心理智力测验工作经验。到1940年，美国至少有两个州通过州教育局给学校心理学工作者颁发了资格证书。1921—1927年，开发了美国心理学会成员短期的全国证书颁发项目，但当时没有推广成功。

3. 发展期

第二次世界大战后，美国的"生育高峰"促使教育迅速发展，学校规模扩大，急需心理学服务。

1) 从业情况

学校心理学家的人数：1940年500人——1970年5000人。

正规培训的大学：1940年2所——1970年100所。

学校心理学工作者证书颁发：1946年13个州——1955年23个州——1970年40个州——1977年所有的州。

从业者与在校学生的比例：1950年1∶36 000——1966年1∶10 500。

2) 职业的发展

在学校工作的心理学家开始向非学校业务的相关领域转移。临床心理学家从医学监督中解脱出来，有的州可以得到执照服务——开私人心理诊所。在学校工作的心理学家对传统的测验不满意，更愿意进行咨询和干预。学校心理学家开始着手现实与理想职业的研究。

3) 组织的发展

1945年，美国心理学会的第十六分会——学校心理学分会(APA-16)正式成立。1954年美国心理学家协会召开的塞耶大会对学校心理学专业训练规范化影响很大。1969年，美国全国学校心理学家协会正式成立。1969年美国职业心理学评估董事会同意颁发学校心理学文凭。学校心理学在美国得到了全国性承认，从此学校心理学专业揭开了新的历史篇章。

4. 繁荣期

1) 主要标志

学校心理健康教育学科的统一，与其他心理学分支的区分。

专业培训项目的增多，专业人员和专业机构数目不断增长。

规章制度和专业结构的完善化。

学术和研究方面的扩展和深入等。

2) 职业发展

1975年，美国国会通过了《障碍儿童普及教育法》，规定所有公立学校必须为所有儿童、青少年(3～21岁)，包括有各种障碍的儿童提供义务的、适当的公共教育。其包括的障碍范围很大，如身体残疾，智力低下，语言、听力和视力问题，情绪和行为问题，其他学习障碍症状等。这一法律的通过引起了学习学校心理学的热潮，导致学校心理健康教育工作者人数的大幅度增长，专业组织和机构的数目也同时增多。

5. 社会组织

(1) 美国全国学校心理学家协会，负责认可学校心理学高等学位项目(博士以下的高等学位项目，如硕士和本科项目)。

(2) 美国心理协会(APA)，负责认可学校心理学博士项目。

(3) 美国全国学校心理学家协会(NASP)，负责颁发学校心理学家的执照。

在美国心理学会学校心理学分会的带领下，除美国全国学校心理学家协会以外，还出现了其他重要的学校心理健康教育组织，如美国学校心理学委员会(ABSP)、美国学校心理学研究院(AAASP)、学校心理学研究协会(SSSP)、学校心理学项目主任委员会(CDSPP)、国际学校心理学会(ISPA)等。

6. 美国学校心理辅导的内容

(1) 对课业、社会生活等个人问题的咨询。

(2) 就业指导及跟踪性服务。

(3) 信息服务。

(4) 为每个学生建立详细而系统的积累性档案，以记录其智力、兴趣、性向、人格特征和测量结果、学习成绩、嗜好、健康状况、家庭背景、经济状况、打工经历等内容。

(5) 磋商性服务，主要是指导人员与社会、家庭和学校联系合作。

(6) 辅导学生治疗心理疾病和矫正不良行为习惯。美国的心理辅导也有其本土特色，即强调个人本位，服务于个人需要，帮助个人发展。

美国的学校心理学，也是根据国情的变迁、社会和人们的需求，不断专业化和科学化而发展起来的，从中也可窥见本土化学校心理健康教育的重要性和必要性。面对历史和文化背景的不同，我们一方面要借鉴西方经验，使我国的学校心理健康教育奠定在一个更高的平台，另一方面要促进和发展适合中国国情的专业化的学校心理健康教育工作。

(二)我国学校心理学的发展

我国学校心理学发展开始于 20 世纪 80 年代。20 世纪 90 年代，中小学生的心理问题增加，并表现出复杂化和多样化的特点。1994—1996 年，全国学校心理辅导与教育研究会连续召开三次学术研讨会。20 世纪 90 年代末至 21 世纪初，中国心理学会成立"学校心理学专业委员会"，教育部连续成立两届"中小学心理健康教育专家委员会"。北京、上海、广东等省市的学校中，出现了专业的学校心理学家和持证上岗的专职心理辅导教师。

2017 年，教育部出台《中小学德育工作指南》，明确提出心理健康教育是德育的重要组成部分。学校要开展认知自我、尊重生命、学会学习、人际交往、情绪调适、升学择业、人生规划以及适应社会生活等方面的教育，引导学生增强调控心理、自主自助、应对挫折、适应环境的能力，培养学生健全的人格、积极的心态和良好的个性心理品质。《中小学德育工作指南》详细阐述了心理健康教育的重点和发展方向。

1. 发展方向

经过 40 多年的发展，我国的学校心理学获得了以下发展。
(1) 党和政府对学校心理辅导高度重视。
(2) 全国各地积极开展形式多样的学校心理辅导活动。
(3) 学校心理辅导的理论和实验研究得以广泛开展。
(4) 加强了学校心理健康教育师资队伍的建设，学校心理健康教育工作专业化程度正在逐步提高。
(5) 出版了一批学校心理辅导专著和教材。

2. 存在的问题

(1) 心理健康教师的专业化有待加强。由于时代环境的改变，学生的心理需求和心理问题也越来越多样化和复杂化，教师现有的专业知识和技能很难应对所有学生的需求，这就需要加强对教师的培育和再教育，提高他们解决问题的能力。
(2) 本土化的测量工具有待加强。我国学校心理健康测评和评价中使用的工具，早期以借鉴国外的心理健康量表条目为主，通过中国被试的数据，修订建立常模后使用。然而，随着学校心理健康教育工作的逐步深入，我们急需更多符合中国国情、以中国学生为基准编制的评价工具，这也是目前推进我国学校心理健康服务体系建设的基础工程。
(3) 由于教育资源分布不均，发达地区与欠发达地区、重点学校与一般学校的心理健康教育开展情况也是参差不齐，有些学校流于形式，甚至还没有设置心理健康教育岗位。

三、学校心理学的未来发展趋势

在今后的二十年中，学校心理学有可能发生重大改变，以此来应对学校教育不断变化的步伐。以下五种趋势对学校心理学发展将起到决定性影响。

第一，学科间的交叉、渗透和合作研究将为学校心理学提供新的观念和方法。认知神经科学的介入将在进一步理解儿童、青少年的心理健康以及认知规律与脑功能学习状况方面，发挥重大作用；临床心理学和精神医学的专业知识，将为学校压力症和心理疾患提供早期的诊断和干预；社会行为学将从制度、组织、文化氛围上，为学校心理学的生态环境提供分析和理解；在以人为本、以学生发展为本的理念指导下，生命科学和生命教育在学校教育中将发挥重要作用。

第二，对学校心理咨询人员和辅导教师的专业化、资格化的要求更严格。为了保证从业人员的专业知识素质，教育行政部门将制定出学校心理学教育工作者的专业标准。

第三，定期实践与绩效评价。学校心理辅导和咨询更加重视质量，防止形式主义。绩效评价在学校心理工作中的指导作用将提到重要地位。学校心理辅导和咨询更讲究问题解决的焦点化、简洁化。

第四，更多学校为学生提供心理学辅导课程。由于重视人的自身发展及生活品质的提高，学校将为学生提供内容更广泛、更生动有趣的心理学课程或相关辅导。

第五，统筹推进心理健康教育一体化。人的发展是连续的，人才培养也应是循序渐进、螺旋上升的，心理健康教育需要树立系统观念，多主体协同发展、多领域融会贯通。

第三节　学校心理学的研究方法及学校心理学专业的就业趋势

一、学校心理学的主要研究方法

(一)观察法

观察法包括自然观察法和实验观察法。

自然观察法是对社会中、现实中自然发生的未经人工操作、没有主观意图介入的状况进行观察记录的方法。这一方法最大的特点是不进行人工操作。

自然观察法有三种具体的操作方法。

(1) 记录法。记录的内容既可以是不加解释的、忠于事实的行为描述，也可以是重点的、插曲式的事件描写。记录所使用的工具除了笔以外，还有摄影机、录音机和照相机。

(2) 对照、核查法。如行为检查法。

(3) 评定法。对观察内容(如学生的行为特点、日记、作文等)进行评定，评定的尺度包括描述性尺度、图式性尺度和点数性尺度。

实验观察法是以特定的人工操作设置特定的环境，使行为重复出现，进行观察的方法。例如，实验者提出当人们被凝视时会本能地产生逃避心理的假说，然后对其进行验证。实验时，实验者对经过十字路口的司机作出凝视和不注意两种态度，并将其作为实验的自变量，被凝视的司机为实验组，不被注意的司机为对照组，记录不同司机的行为反应并将其作为因变量。在这一实验中，实验者在自然环境中人为制造了实验条件，并且实验对象并不知道自己参与了实验，可以说是典型地运用了实验观察法。

(二)面谈法

面谈法是应用于心理咨询的一种技术，由于其具有很高的难度，在国外被称为心理咨询中"最常用的技术"。面谈过程中，心理咨询师要做到共感、宽容与理解来访者(共感：感受对方的情绪、情感。宽容与理解：能包容与自己不同的价值观，最后达到理解对方的程度)。面谈开始时，心理咨询师要明了咨询目的和提问的内容。面谈法对心理咨询室的面积与布置也有一定要求。一般而言，心理咨询室的面积为10~16平方米，因为过大的房间有可能引起来访者的恐慌，而过小的房间又容易使来访者产生压迫感。室内的光线要适中，过于明亮或过于华丽的房间都不利于心理咨询的开展。墙面的颜色应以暖色调为主。室内可放置一些绿叶植物，制造一种亲切的、生机盎然的气氛。

(三)问卷法

问卷法主要有三种形式：口头回答、笔试、集体调查法。回答问题的方法可以是自由回答法，如"你的烦恼是_____"，对回答内容和字数没有限制；也可以是限制回答法，即将问题编为多项选择题。

采用问卷法进行研究要注意以下事项。

(1) 用语要明确易懂，少用反问句或双重否定句。

(2) 注意是否为虚假回答或拒绝回答，对拒绝回答的学生尤其要注意，因为他们很可能已经存在一定的心理问题。

(3) 统计发出问卷回收率情况。如果是集体调查，要统计发出问卷的总数、问卷的回收率及回收问卷中的有效回答率。只有当回收率达到60%~70%时，所进行的问卷调查结果才是有效的；如果有效回答率低于60%，则问卷调查的结果不可靠。

(四)作品法

作品法就是让咨询者通过日记、作文、自述或象征作品(如绘画、雕刻、手工艺品、诗歌等)自由表现其思想、倾向、性格、情感发展等内容。

(五)案例讨论法

学校心理学的研究方法种类较多，比较重要的一种是案例研究法。它是指几个地区或专业机构的心理咨询师集中起来开讨论会，由其中一人举出某个典型案例，大家一起探讨该案例中个体问题出现的原因、客观环境、心理治疗方法的形式。收集案例时应注意以下几点。
(1) 案例讨论的深入需要咨询双方的配合,因此应尽量建立双方信赖关系。
(2) 研究时,要详尽地收集当事人的个人资料等。
(3) 心理咨询师要遵守职业道德,尊重并保护当事人的个人隐私。

二、各研究方法在学校心理学中的应用

学校心理学的服务范围包括心理预防与心理卫生、心理咨询、诊断性评估、行为矫正、学习和职业指导等方面,各研究方法在学校心理学中起的作用主要还是评估。

学校心理学最初产生时,大多数学校心理学工作者从事的工作就是评估。他们通过一些测量各种能力的量表对学生进行测查,将其得分与常模进行比较,如果低到一定范围,则认为该学生的某项能力存在缺陷,需要进行特殊的教育或辅导。这是最早的评估模式,而且这里所指的能力主要是智力。

常见的智力测验(如斯坦福比内量表、韦氏量表)现在还起着重要作用。随着认识的深入,人们普遍认识到学生的表现受多种因素的影响,因而测量不同因素的量表也应运而生,如多元文化体系测验。目前的量表中已经考虑到可能影响学生表现的因素有三类:医学、社会、文化。

虽然这些量表包括的范围极广,但是它采取与常模比较的方式评估学生,仍然忽视了某些特殊性,由此产生的"不平等问题"也越来越受到争议。因此量的研究针对的是普遍的情境,缺少对特殊情况的关注。

而质的研究是针对某一特殊情境开展的,它对解决个别问题比较有帮助。如果要对个案进行一个评定或干预,研究者可以通过了解其背景并整理出相关完整资料,以便那些没有参与调查却要参与决策的人更清楚地了解问题。这并不是说要取代传统的心理测验,而是指这种方法扩大、丰富了评价和咨询模型。

在实际研究中,研究者多采用量的研究方法,用质的研究方法做的研究还比较少。与质的研究方法相比,量的研究更具客观性。但是任何一种研究方法都不可能十全十美,有学者指出量的研究存在三方面的局限性。
(1) 量的研究强调将研究对象分解,忽视了研究对象的整体性。
(2) 量的研究要求研究者与研究对象分离,忽视了人的主体性。
(3) 量的研究强调形式,忽视了内容,常常使研究不能深入实质而流于形式。

相比之下,质的研究方法却有以下优点。
(1) 把人的体验放在重要的位置。
(2) 从整体的角度分析现象。
(3) 注重对研究结果的解释性理解。

当然，质的研究方法也存在不足：没有足够的被试；没有控制组，无法准确辨别干预是否起作用；由于分析过程主要依靠研究者的判断，而不像量化研究那样用客观的统计方法，所以会掺入研究者个人的偏见。

实际上，质的研究和量的研究只是从不同的角度，在不同的层面，用不同的方法对同一事物的"质"进行研究。关键是根据需要，扬长避短，选择合适的研究方法，以达到更好地还原研究对象真实本质的目的。

三、学校心理学家的培养

(一)学校心理学家的定义

1996年，国际学校心理学会(ISPA)对学校心理学家给出如下定义："学校心理学家一词指的是受过心理学与教育专业训练，在学校、家庭以及其他可能发生影响的环境下为儿童和青少年提供心理学服务的专业人员。"

美国全国学校心理学家协会(NASP)在此基础上又增加了一条限定："学校心理学家是达到全美学校心理学会颁发的职业资格的职业心理学家和教育家。"

(二)角色与地位

学校心理学家在学校中的地位既不是教师，又不是管理者，而是服务者。他们只提供建议，不替人作决定。

调查显示(1985)，美国学校心理学家在学校中担负九个方面的角色：①咨商；②咨询；③测验；④特殊教育；⑤与社区联系；⑥成员发展；⑦危机干预；⑧行为管理；⑨家长教育。

中国著名心理学家林崇德认为，学校心理学家有以下几个角色：心理卫生的保健者、德育工作的辅助者、学生学习的辅导者、职业选择的指导者。

(三)传统学校心理学家的职业素质

学校心理学家必须掌握以下实践技能。

(1) 学习困难的评估与矫正。

(2) 行为问题和社会问题的评估与矫正。

(3) 心理教育评估。

(4) 为教师和家长提供咨询。

(5) 心理诊断学。

(6) 干预技术。

(7) 智力发展评价。

(8) 执业伦理学。

(9) 咨询技术。

(10) 心理辅导。

(11) 儿童的发展。

(12) 行为矫正技术。

(13) 班级管理技术。

(四)本书界定的学校心理学家的职业素养

根据体验式团体教育模式下的学校心理学的定义，我们认为学校心理学家除具备传统的职业素质外，还应具备以下素质和能力，才能更有力地推动学校心理学的发展。

(1) 研究提升教师心理资本的方法与技术的能力。

(2) 构建校园和谐生态文化的技术与能力。

(3) 研究班级建设理论与方法的能力。

(4) 研究如何提升课堂学习动力，提高学习效率的能力。

(5) 研究编纂更通用、更科学的心理健康教材，提升全国心理健康教育的规范化水平的能力。

(6) 探索学校心理学新的研究思路和领域的能力。

(五)学校心理学家的就业前景

我国现在没有足够的学校心理学专业人才来满足学校的需要。著名心理学家林崇德教授算过一笔账，他指出：联合国教科文组织要求 6000～7500 名中小学学生中至少有一名学校心理学家，按此比例，我国至少需要 3 万多名学校心理学家。而中国心理学会会员总数才 13 000 余人，即使全体改行成为学校心理学家，也不够。所以我们现有的学校心理学专业人才远远不能满足学校的需要，探索与促进学校心理学的发展任重而道远。

体验式团体教育模式以优化校园生态环境为目标，以团体心理学在学校中的运用和服务为切入点，进行的学校心理学探索和研究。体验式团体教育模式已取得初步成效，后文将就这一模式作详细介绍。

第二章　教育教学过程最优化

教育是以影响人的身心发展为直接目的的社会活动。教育具有按意图主动影响他人的作用。教育是一个综合过程，是对人本身的一种完善。在这样的过程中有知识的传递、有教育者的影响，更主要的是对被教育者的陪伴与开发。通过对被教育者的教授、影响、开发"三位一体"的立体过程，培养出文明、杰出的人。

在这个目标的指引下，人类一直在实践与研究最佳的教育方式、教育手段及教育过程。其中，教育教学过程最优化理论，就是以苏联教育家巴班斯基为代表人物，对学校教育教学过程探讨研究的成果之一。而体验式团体教育模式，正是在这一思想和教育改革的大趋势下，结合学校教学和学生身心发展的需要，探索出的一条更有效、更适合中国学校和学生的教育教学模式。

第一节　教育教学过程最优化理论

一、教育教学过程最优化的概念

教育教学最优化由苏联教育学家巴班斯基提出。巴班斯基在《论教学过程最优化》一书(2001年中译本)中指出："教学过程最优化是在全面考虑教学规律、原则、现代教学的形式和方法、该教学体系的特征以及内外部条件的基础上，使过程从既定标准发挥最有效的(即最优的)作用而有组织地控制。"这是他对教学过程最优化的一般性定义。

为了澄清在教学过程最优化概念问题上的模糊认识，巴班斯基从不同的侧面对这一概念进行了论述。

(1) 教育教学过程最优化不仅要求科学地组织教师的劳动，还要求科学地组织学生的学习活动。而把"最优化"单纯理解为教师的工作是片面的。

(2) 当谈论"最优化"时，是针对一所学校或一定班级现有的具体条件而说的。教育教学过程的最优化不是泛泛地谈，而是具体条件下的最优化。某种方法对某种情况是最优的方法，但在另一种情况下，它可能就不是最优的方法；过去看来是最优的，现在则未必仍然最优；现在看来是最优的，将来也可能发生变化。

(3) 教育教学过程最优化并不是什么新的教学形式或教学方法，而是教师工作的一项特殊原则。认真贯彻这个原则，就是要系统全面地考虑现有的各种条件、各种方法，科学地而不是自发地、偶然地组织最佳的教学方案。它是一种有目标的科学控制行为，而不是具体的方法。

(4) 用教育教学过程最优化的原则组织师生的活动时，不是单纯提高它的效率，还要达到最优的，即对该条件来说是最佳的结果。要把效率与效果同时加以考虑，要求在一定的具体条件下，以最少的时间和精力消耗，取得质量最优良的教育效果。

(5) 在师生的教学活动中存在着社会、心理、控制三方面的因素。社会因素即教育目的和内容；心理因素即师生双方的动机、注意力、意志、情感等；控制因素就是教师对教学的组织、方法的选择和计划的调整以及学生的自我控制。达到社会、心理、控制三方面的最佳统一，也就达到了教学过程最优化的境界。换句话说，所谓教学过程的最优化，就是将社会的具体要求与师生的具体情况和所处的教学环境、条件以及正确的教学原则几方面结合起来，从而选择和制定最佳工作方案(即教案)，并在教学实践中坚决而灵活地实施，最终达到最佳的教学效果。

实践证明，巴班斯基的教育教学最优化理论不但在他的实际教育教学工作中取得了显著成绩，也在世界教育领域得到了广泛关注、借鉴、实践与研究。

二、巴班斯基理论的内容

以下具体介绍巴班斯基理论的内容、方法、标准等。

(一)组成部分

根据巴班斯基理论，教育教学过程最优化理论由以下几部分组成：教学的动力、教学的目的、教学的规律、教学的原则、教学内容的标准、教学的方法等。

1. 教学的动力

教学的动力源于教学的"主导矛盾"。所谓"主导矛盾"，就是学生在教师影响下产生的掌握一定知识、技能、技巧的需要，与学生所拥有的满足这些需要的实际可能性之间的矛盾。简言之，教学的动力就是学生的内部需要，教师在教学时要注意学生的内心体验，激发其学习的积极性，满足其对知识的需求。

2. 教学的目的

教学的主要目的有教养性、教育性和发展性三个方面。教养性目的是使学生掌握各门学科的专门技能，并能够熟练地应用这些技能解决实际问题。教育性目的是使学生掌握基本的社会公德、政治和伦理道德，以便于使其形成正确的人生观、价值观、世界观。发展性目的是使学生掌握认知活动的一般技能，使其能在生活中发展自己的个性品质。当然，这三种目的是有机地相互联系的。

3. 教学的规律

巴班斯基运用系统结构方法研究教学过程内部各因素及其与外部环境的关系，得出以下9条教学规律。

(1) 教学过程受制于社会主义社会的需要及对全面和谐发展的人才的需要。

(2) 教学过程与作为统一体的教养、教育、发展过程是相互联系的。

(3) 教学过程依从于学生实际的学习可能性。

(4) 教学过程依从于它得以进行的各种条件。

(5) 教学过程中教与学是相互联系、相互统一的。

(6) 教学内容取决于教学目的、任务。

(7) 教学的刺激方法、组织方法、检查方法均取决于教学的目的、任务和内容。

(8) 教学的组织形式取决于教学的目的、任务和内容。

(9) 只有具备必要条件并保证教学过程各成分间的相互联系，才能使教学结果具有巩固性和效用性。

以上规律构成教学的一套完整的有机联系体系，只有充分理解、领会才有可能在实际的教学活动中有效地组织教学。

4. 教学的原则

巴班斯基认为教学规律高于教学原则，原则是由规律产生的。根据教学规律，他提出10条教学原则，具体如下。

(1) 教学的目的性原则。

(2) 教学的科学性以及与生活实践相联系的原则。

(3) 教学的系统性、连贯性原则。

(4) 教学的力量性、可接受性原则。

(5) 激发学生正确的学习态度、认识兴趣和求知需要的原则。

(6) 教师指导下的学生积极性、自觉性和独立性原则。

(7) 各种教学方法和教学手段最优结合的原则。

(8) 各种教学形式最优结合的原则。

(9) 为教学创造最优条件的原则。

(10) 教学成果的巩固性和效用性原则。

5. 教学内容的标准

教学内容是教师教授和学生学习的主要对象，对学生技能形成、智力发展产生重要的影响。为了实现教学内容的现代化，巴班斯基提出以下优选教学内容的标准。

(1) 教学内容的完整性标准。

(2) 教学内容各组成部分的科学价值和实践价值标准。

(3) 教学内容符合学生该年龄学习的可能性标准。

(4) 教学内容符合用于学习该教材的法定时间的标准。

(5) 教学内容符合该方面的国际经验的标准。

(6) 教学内容符合当前教师的教学的实际可能性和学校现有的教学条件的标准。

巴班斯基还指出，考虑这些标准并尊重它们的先后顺序，教师就可以将教学内容中最基本的和主要的成分划分出来并使其具体化，有助于消除那些引起学生负担过重的过于复杂的和次要的成分，使学生的注意力集中到主要成分上。

6. 教学的方法

巴班斯基认为："选择最优的教学方法，乃是教学过程最优化这个复杂问题中的关键之一。"所谓教学的方法，就是"教师和学生旨在通过教学达到学生教养、教育和发展目的的一种相互联系的活动方式"。他根据马克思关于劳动活动三要素的原理，按教学活动的组织、刺激和检查三个方面，把教学的方法分为三大类，即：组织学习认识活动的方法、刺激学习认识活动的方法和检查学习认识活动的方法。

(二)方法体系

巴班斯基理论中，教学过程最优化方法体系是教学过程所有基本成分的最优化组合的总和，包括教师的最优教授方式和学生的最优学习方式两个有机组成部分，唯有完整地运用整个方法体系，才能达到教育教学过程最优化。在该方法体系中，最优教授方式包含8个基本方法，最优学习原则也包含8个方面。

1. 最优教授方式

(1) 综合规划学生的教养、教育和发展任务，注意学生的全面和谐发展。
(2) 深入研究学生的身心特点，具体落实任务。
(3) 依据教学大纲，优选教学内容，确定内容重点。
(4) 根据具体情况选择最合理的教学方法。
(5) 创造最优化教学的必要条件。
(6) 采取合理的教学组织形式，实行区别教学。
(7) 根据现实需要，随时调整教学活动。
(8) 分析教学效果，确定最优速度，节省师生时间。

2. 最优学习原则

(1) 自觉积极性原则。
(2) 循序渐进原则。
(3) 学思结合原则。
(4) 手脑并用原则。
(5) 课内课外学习相结合原则。
(6) 温故知新原则。
(7) 持之以恒原则。
(8) 劳逸结合原则。

(三)评价标准

巴班斯基理论中，评价教学过程最优化的标准有两个：效果标准和时间标准。

(1) 效果标准：是指每个学生在教养、教育和发展上都达到符合"最近发展区"的实际学习可能性的水平。

(2) 时间标准：是指教师和学生均应遵守学校相关文件为之规定的用于教学和家庭作业的时间定额。

(四)教育界对巴班斯基思想的评价

对于巴班斯基的教学思想，值得肯定的方面有：①他在针对苏联时期学校教育中存在的学生学业负担过重、留级现象严重等问题进行研究、探索之后提出的教学过程最优化理论，具有较强的实践意义；②他把辩证的、系统的观点、方法引入对教学过程的研究，开阔了人们的认识视野，拓宽了教育研究的范围；③他的教学过程最优化理论是在吸收前人研究成果的基础上提出的，极大地丰富了苏联时期的教学论思想，丰富了广大教育工作者的教育实践活动；④他创立的这个理论，历史地肩负着扬弃、调整、定向的特定使命。可以说这个理论具有承前启后、继往开来的意义。

虽然他的教学思想对苏联时期及周边一些国家和地区的教育实践产生了较大影响，但由于其在关于教学的一些基本概念、原则及其分类上的混乱，以及存在着一定的机械性，在一定程度上也反映出其教学思想中的不足。

第二节 国内教育教学过程最优化进程

一、开启基础教育课程改革

2001年，教育部决定大力推进基础教育课程改革，调整和改革基础教育的课程体系、结构、内容，构建符合素质教育要求的新的基础教育课程体系。此次课程改革主要体现在以下6个方面。

(1) 改变课程过于注重知识传授的倾向，强调形成积极主动的学习态度，使获得基础知识与基本技能的过程同时成为学会学习和形成正确价值观的过程。

(2) 改变课程结构过于强调学科本位、科目过多和缺乏整合的现状，整体设置九年一贯的课程门类和课时比例，设置综合课程，以适应不同地区和学生发展的需求，体现课程结构的均衡性、综合性和选择性。

(3) 改变课程内容"繁、难、偏、旧"和过于注重书本知识的现状，加强课程内容与学生生活以及现代社会科技发展的联系，关注学生的学习兴趣和经验，精选终身学习必备的基础知识和技能。

(4) 改变课程实施过于强调接受学习、死记硬背、机械训练的现状，倡导学生主动参与、乐于探究、勤于动手，培养学生搜集和处理信息的能力、获取新知识的能力、分析和解决问题的能力，以及交流与合作的能力。

(5) 改变课程评价过分强调甄别与选拔的功能，发挥评价促进学生发展、教师提高和改进教学实践的功能。

(6) 改变课程管理过于集中的状况，实行国家、地方、学校三级课程管理，增强课程对地方、学校及学生的适应性。

基础教育课程改革促进了先进教育理念的传播，带动了基础教育的整体变革，一大批全面体现德育要求、反映人类文明成果的教材深受广大师生喜爱；人才培养模式改革积极推进，学生社会责任感、创新精神和实践能力的培养受到高度重视；考试评价制度改革取得了重要进展，注重学生成长过程和全面发展的评价体系正在形成；广大教育工作者的教育观念和教学行为发生了积极变化，改革的主动性和创造性不断增强。

基础教育课程改革取得了很大成绩，但是从总体上看，受相关制度、政策的制约和社会环境的影响，课程改革还面临着许多困难和问题。各地课程改革工作的推进不平衡，一些地方和学校对于课程改革在全面推进素质教育、提高教育质量、培养创新人才等方面的战略地位认识不到位；学校办学条件不足，教师队伍建设有待加强，课程资源、专业支持力量等服务保障体系较为薄弱；与课程改革相适应的考试评价、管理制度不配套；课程教材体系有待进一步完善。因此，我们必须高度重视，采取有力措施，坚定不移地推动课程改革向纵深发展。

二、深化基础教育课程改革

2010 年教育部发布了《深化基础教育课程改革 进一步推进素质教育的意见》，明确指出深化基础教育课程改革的 7 个主要任务。

(1) 进一步完善基础教育课程体系。以"三个面向"(面向现代化、面向世界、面向未来)为指导，构建体现先进教育思想理念的、开放兼容的基础教育课程体系，全面提升学生的科学、人文素养。

(2) 全面落实基础教育课程方案。坚持以促进学生德智体美劳全面发展为宗旨，把指导和规范学校全面落实课程方案，突破课程实施的薄弱环节作为重要任务。

(3) 大力推进教学改革。把教学改革作为深化课程改革的核心环节，使新课程的理念和要求落实到课堂教学中。

(4) 健全和完善考试评价制度。进一步完善综合素质评价的科学方法和基本程序，加强诚信机制建设，确保评价结果的真实性。

(5) 全面提升教师队伍实施新课程的能力。充分发挥广大教师在深化课程改革中的主力军作用，把促进教师专业发展作为重要目标和任务。

(6) 进一步加强教材使用管理。要根据国家教材选用的有关规定，严格规范教材选用程序，保证教材选用过程的公开、公平、公正，提高选用教材的适宜性。

(7) 大力推进农村地区课程改革。要把农村地区的课程改革作为深化基础教育课程改革的重中之重，加强组织领导和统筹规划。

新时期课程改革在立德树人工作中发挥了重要作用。德育为先、能力为重、全面发展的教育理念得到普遍认同。符合素质教育和时代要求的课程教材体系不断得到完善。人才培养模式改革不断深化，自主、合作、探究的学习方式与启发、讨论、参与的教学方式不断推广，育人的针对性、实效性进一步增强。分类考试、综合评价、多元录取的考试招生制度改革积极推进，以学生全面发展为根本、科学多元的评价制度改革取得重要进展。课程改革为进一步推动立德树人工作奠定了基础。

但课程改革面临新的挑战。经济全球化深入发展，信息网络技术突飞猛进，各种思想文化交流、交融、交锋更加频繁，学生成长环境发生了深刻变化；青少年学生思想意识更加自主，价值追求更加多样，个性特点更加鲜明；国际竞争日趋激烈，人才强国战略深入实施，时代和社会发展需要进一步提高国民的综合素质，培养创新人才。这些变化和需求对课程改革提出了新的更高要求。

高校和中小学课程改革从总体上看，整体规划、协同推进不够，与立德树人的要求还存在一定差距。它主要表现在：重智轻德，单纯追求分数和升学率，学生的社会责任感、创新精神和实践能力较为薄弱；高校、中小学课程目标有机衔接不够，部分学科内容交叉重复，课程教材的系统性、适宜性不强；与课程改革相适应的考试招生、评价制度不配套，制约着教学改革的全面推进；教师育人意识和能力有待加强，课程资源开发利用不足，支撑保障课程改革的机制不健全。这些困难和问题直接影响着立德树人的效果，必须引起高度重视，全面深化课程改革，切实加以解决。

三、全面深化课程改革

2022 年，为把全面贯彻党的十八大和十八届三中、四中全会精神中关于立德树人的要求落到实处，充分发挥课程在人才培养中的核心作用，进一步提升综合育人水平，更好地促进各级各类学校学生全面发展、健康成长，教育部发布了《关于全面深化课程改革落实立德树人根本任务的意见》。

该意见明确提出全面深化课程改革的工作目标：高举中国特色社会主义伟大旗帜，推动社会主义核心价值观进教材、进课堂、进头脑，着力培养学生高尚的道德情操、扎实的科学文化素质、健康的身心、良好的审美情趣，努力使学生具有中华文化底蕴、中国特色社会主义共同理想、国际视野，成为社会主义合格建设者和可靠接班人；基本建成高校、中小学各学段上下贯通、有机衔接、相互协调、科学合理的课程教材体系；基本确立教育教学主要环节相互配套、协调一致的人才培养体制；基本形成多方参与、齐心协力、互相配合的育人工作格局。

该意见进一步细化了领域内主要的改革指导意见，涵盖10大模块：制定学生发展核心素养体系和学业质量标准；修订课程方案和课程标准；编写、修订高校和中小学相关学科教材；改进学科教学的育人功能；加强考试招生和评价的育人导向；强化教师育人能力培养；完善各方参与的育人机制；实施研究基地建设计划；整合和利用优质教育教学资源；加强课程实施管理。

教育改革是随着时代的发展进一步深化的，从大而广转为细而精，更凸显时代性、针对性和时效性。这就要求教育部门和学校教师也要与时俱进，紧跟国家的教育方针政策，提高育人意识和能力，促进学生全面发展、健康成长。

第三章 体验式团体教育模式

体验式团体教育最早源自库尔特·汉恩的拓展训练学校,通过野外训练让参加者提升生存能力和人际交往能力,改善人格和心理素质。20 世纪 90 年代以来,发达国家的体验式教育迅速发展,特别是体验式培训,在提高员工素质方面显示出突出的优势,各种体验式培训机构和公司迅速发展起来。体验式教育在大、中、小学也得到推广。

第一节 传统体验式教育

一、体验式团体教育的概念

体验式教育是教育者依据德育目标和未成年人的心理、生理特征以及个体经历创设相关的情境,让未成年人在实际生活中体验、感悟,通过反思体验和体验内化形成个人的道德意识和思想品质,在反复的体验中积淀成自己的思想道德行为。未成年人在各种体验中主宰自我、修正自己,在与人交往中,在日常行为中去体验、去感悟、去构建社会与时代所希望他们拥有的爱国情怀、民族精神、集体意识。

"体验"的"体",意为设身处地、亲身经历;"验",意为察看感受、验证查考。体验具有过程性、亲历性和不可传授性,是充满个性和创造性的过程。从心理学角度来讲,体验是"理智的直觉",是建立在个体"内部知觉"基础上的一种特殊活动,它总是与个体的自我意识紧紧相连的。所以,从词源学的角度看,一个人在成长过程中,也需要亲身经历、亲自验证,才能获得科学知识,养成道德品质,掌握技能。

二、传统体验式教育的教育过程

传统体验式教育包括四个阶段:一是亲历阶段,即个体亲身经历某一件事或某一个情境的阶段。二是形成阶段,即个体对上述亲历过程进行抽象、概括,形成概念或观念的阶段。三是检验阶段,即个体在新情境中检验所形成的概念或观念的阶段。四是反思阶段,即反思已经形成的概念或观念,产生新经验、新认识,并不断产生循环的阶段。

由此可见,传统体验式教学是促使学生不断产生新经验、新认识,并由此发展学生适应自然与社会的能力,形成积极的人生态度,促进个性成长的教学方式。如在德育课中实施体验式教学,就是让学生亲历某件事(包括心理上的亲历和参与实践活动亲身经历或"亲为"),从中获得真切感受,以提升道德认识,并激发起相应的道德情感。

三、传统体验式教育的基本形式

传统体验式教育坚持"间接体验——直接体验——反思体验——体验内化"等体验方式的结合。

间接体验又称为角色体验。采用模拟的社会和生活，为未成年人设计多个角色，模拟农场、工厂、商店、机关和相应岗位的情景，让未成年人去进行间接体验。

直接体验是让未成年人克服过去预想不到的困难去完成有关"使命"，祛除平日的娇、骄二气。组织未成年人到农场、工厂、商店、机关去体验生产生活，在亲身参与中获得感知和感悟。

反思体验就是引导体验者对体验中的心理感受、情感体验、行为变化、活动过程及效果等进行深层次思考，强化体验效果，促进自我认识与评价。

体验内化是体验反思的深化和提升，强调要明确体验活动的外部行为与内部过程之间的关系，借助外部活动促进、深化内部体验。体验可以使学生广泛地接触社会，品味劳动的艰辛，体验人间的温情，增强社会责任感。

四、传统体验式教育的基本途径

传统体验式教育坚持"学校——基地——家庭——社区"等教育资源的整合。整合学校、基地、家庭、社区教育资源的同时，重点抓体验式教育基地和爱国主义教育基地的建设。建设基地的宗旨，是让未成年人在体验中学会生存、学会交往、学会做人。基地是一个浓缩的社会，青少年走进基地，就可以体验社会、体验生活。

例如：少年军校，可以让中小学生体验军营生活；少年警校，可以让学生体验武警的擒拿格斗和交警的岗亭生活；家长学校，可以让不同类型的家庭在这里开展亲子活动，让孩子体验当家长的艰辛；模拟法庭，可以让孩子体验法官的威严、律师的善辩、罪犯的狼狈。基地不仅有"言传"，更有"意会"，使未成年人在体验成年人的酸甜苦辣中，真正成为"小大人"，学会自理、自律，感悟人生真谛。通过建设体验基地，给广大青少年搭建展示才艺的平台，使他们体验到集体生活和合作的重要性，掌握知识，训练技能，增加阅历。

五、传统体验式教育的基本原则

(1) 主体性原则。学生是教育的主体，更是发展的主体、体验的主体，学生的品德形成和社会发展，是在各种活动中通过自身和外界的相互作用实现的。因此，教师要由单纯的知识传授者向学生学习活动的引导者、组织者转变。要尊重学生的主体地位，调动学生的内在动力，将德育内化为身心发展的需要。教师所创设的氛围是供学生体验的，学生又正好在体验中学到道德知识，形成道德行为。

(2) 活动性原则。德育课程目标主要通过教师指导的各种教学活动来实现。活动是教和学的中介。在体验式教学中，要让学生直接参与主题活动、游戏活动和其他实践活动。这是学生提高道德认识，形成道德行为的重要途径。学生通过长时期地不断参与活动，获得大量的知识和经验。教师要根据教学内容将活动的过程、方法、技能与知识融合起来，寓德育于活动之中，有目的地为学生创设恰当的情境，引导学生积极参与学校、家庭和社区的活动，在活动中体验，在体验中提高道德水平。

(3) 探究性原则。引导学生探究是实践体验理论的有效形式，"体验式教学"强调学生的探究活动，提倡探究性学习。让学生在课程领域或现实生活的情境中，通过教师引导、小组合作、个人研究等组织形式，培养学生发现问题和提出问题的能力、搜集信息和处理信息的能力、分析问题和解决问题的能力、交流与合作的能力，使学生在获得内心体验的过程中，逐步提高认识能力、参与能力、适应能力、创新能力等。

(4) 生活化原则。《学会生存》一书指出："学校不能和生活脱节。"课程要从脱离儿童生活的状况中转变过来，成为面向儿童生活的课程，无论是课程目标还是课程内容都应当向儿童的生活回归，这是"体验式教育"应该强调的原则。新课程要从过去的理想化、政治化、模式化的框架中走向生活化，让少年儿童在生活中深刻地认识社会和自我，从切身的体验中学会识别美与丑、善与恶、真与假，并在生活交往中学会做人。大胆地让学生面对纷繁复杂的社会生活和多元道德价值观念，不回避现实生活中学生遇到的种种矛盾，放手让学生在多变的社会生活中，灵活运用知识去通过分析、比较作出正确而合理的选择。坚持"生理—心理—情感—个体经验"等体验经历的融合。

这种学习方式十分自由，没有规则，没有时间约束，不需要过多的家长指导。孩子们能够按他们的天性自然地学习。到屋外玩耍、角色扮演、画画、唱歌、跳舞、探索大自然等，都是体验式学习的方法。孩子们在独立体验世界的过程中，学会独立思考，从而建立起成就感，并提升了自信。这也有助于增强亲子关系，让家长和孩子们一同分享成长中的重要时刻！

体验式学习不仅存在于课堂上，孩子们在家里、在游戏时间、在周末或者节假日，都可以进行。与父母相比，今天的孩子们动手体验的机会要少得多，原因是多方面的，包括科技的发展(玩具、电视节目、电动游戏、上网，还有社交网络)、父母对孩子安全过多的担忧、卫生状况，以及缺乏合适的户外活动场地等。

六、传统体验式教育的评价

传统体验式教育弥补了应试教育只传授间接经验，并且以灌输式为主的忽视学生主动性的教育方式的不足，让学生可以在一定程度上身临其境，亲身感受和体验，融学习于生活、娱乐中，让学生可以在做中学、在体验中学，比传统的、枯燥的书本学习效果更好。同时，由于有体验、有感悟，学生的记忆更深刻，知识的保持时间也就更长。但这一教育方式也有明显的不足和推广的限制。

(1) 这一教育方式是由早期的拓展训练方式演变而来的，因此，目前应用最广的领域还是生命教育、道德教育等，很多知识传授的领域依然是传统的灌输式教育方式，体验式教育无法取代其地位。

(2) 传统体验式教育有活动性、生活化的原则，存在难以控制和管理的因素，同时，由于无法取代传统课堂，很容易盲目模仿学习或者为应付检查而进行的体验教育活动。

(3) 传统体验式教育的改革面非常有限，只改变了学生学习方式中的一小部分，没有从教师、家长和整个校园的文化入手，对学生的成长可能有一定效果，但长期效应十分有限。

综上所述，传统体验式教育有其优势和先进的地方，但却只是一步小小的尝试，我们需要探索更先进更优良的教育模式，全面推进学校教育的发展。

第二节 体验式团体教育模式的基本理念

体验式团体教育模式，是指以人本主义为理念，运用相应的体验式团体心理教育技术和体验式团体教育心理技术，创设一定的教育教学情境，通过讲解、体验、分享三位一体的教学模式，让学生在体验中分享、在分享中感悟、在感悟中成长的一种新型教育模式。

一、体验式团体教育模式的主要观点

体验式团体教育模式主要围绕教师条件与能力、学生条件与环境、教育方法与过程，对学校的教育教学进行科学、系统、全面的优化。

体验式团体教育模式的教育教学优化分为三个方面：①对教师进行优化，包括育人理念、人格条件和教育过程；②对学生进行优化，包括家庭教育、自主管理和社会环境；③对教学过程进行优化，包括物理场、心理场和动力过程。

体验式团体教育模式强调三个方面：①体验式团体教育模式的教育教学优化是在原来教育发展的基础上进行科学、系统、全面的优化(而不仅仅是对课程的优化)；②对教育参与者的优化顺序是教育管理者、教师、家长、学生、社会舆论引导者(包括教育管理者教育理念的优化，教师心理资本的优化，家长和学生心理资本的优化，社会舆论对教育功能、目的、评价的优化)；③在优化内容上的先后排列顺序是从外向内、从人到物、从场地到技术。

体验式团体教育模式是一项系统的工程，它的研究、实践和推广将是教育领域的一次崭新的实践，实现《国家中长期教育改革和发展规划纲要》提出的，坚持以人为本、全面实施素质教育的战略目标，促进教师的"与时俱进"，促进教育的"与时俱进"，最终促进学生的全面发展，提高学生服务国家和人民的社会责任感、勇于探索的创新精神和善于解决问题的实践能力，解决好教育领域中培养什么人、怎样培养人的重大问题。

二、体验式团体教育模式的理论基础

(一)人本主义理论

人本主义心理学理论是二十世纪五六十年代在美国兴起的一种心理学理论思潮,其主要代表人物是马斯洛和罗杰斯。人本主义心理学家认为,教育的作用是提供一个安全、自由、充满人情味的心理环境,使人类固有的优异潜能自动地得以实现。人本主义重视的是教学的过程而不是教学的内容,重视的是教学的方法而不是教学的结果。罗杰斯认为,促进学生学习的关键不在于教师的教学技巧、专业知识、课程计划、视听辅导材料、演示和讲解、丰富的书籍等,而在于特定的心理氛围因素,这些因素存在于"促进者"与"学习者"的人际关系之中。

(二)社会学习理论

社会学习理论是在行为主义"刺激—反应"学习原理的基础上发展而来的一种理论,着重阐明人在社会中是怎样学习的。其创始人是美国社会心理学家班杜拉。他认为人的行为模式实际上是从观察别人的行为及其后果,在替代性基础上发生的直接经验那里来的。社会学习理论的基本立场是个人的行为,不是由动机、本能、特质等个人内在结构决定的,也不是早期行为主义所说的由环境力量决定的,而是由个人与环境的交互作用决定的。观察学习中起决定性的影响因素是环境,如社会文化关系及榜样等客观条件对人有很大影响。因此人们只要控制这个条件,就可以促使社会行为朝着社会预期的方向发展。

(三)场动力学理论

场动力学理论是由德裔美籍社会心理学家库尔特·勒温结合物理学中"场"的概念提出的心理学理论。场动力学理论包括场论与动力论两大理论,由生活空间和心理紧张系统两大核心概念构成。

勒温认为,一个人的动机行为是由其"心理生活空间"决定的。所谓"心理生活空间"是指在某一时刻影响行为的各种事实的总体,既包括人的信念、感情和目的等,即个人内在"心理场",也包括被知觉到的外在环境,即外在"环境场"。在勒温的场动力学理论中,"场"是具有动力性和交互性的,并非一直静止不动,只要人的内在"心理场"存在需求,就会产生内部力场的张力,即"心理紧张系统"。

人体动力的产生就是源于人自身内部心理紧张系统的释放,在此过程中,环境起着导火索的作用。勒温将心理紧张所产生的张力称为"引拒值"。正引拒值具有吸引力,负引拒值则具有排拒力,"心理场"需求的强度越大,与该需求有关目标引起的正引拒值也会越大,而引拒值增加又会反过来影响需求的强度。

第三节 体验式团体教育模式的特点

一、系统性

1. 知识呈现立体化

一种知识呈现可以用多种方式，让学生身临其境，体现了感性化、亲历性和感悟性。在体验式团体教育模式的学习中，教师会把所要学习的内容具体化、形象生动化、可听可观化、可触可摸化，而且在学生直接参与的情景中，学生几乎所有的感觉器官都被调动起来，参与进来。学生所获得的东西，有的是语言描绘难于达到的，体会到的东西往往比语言描绘对思维的冲击更大、印象更深刻。这样的立体化呈现过程可以产生具有亲历性、感悟性的特殊效果。所谓感性化是指学生在体验中的性格情绪对事物的反应状态。

所谓亲历性，即体验是学生自己的体验，无论是观赏、参观访问、情景模拟还是活动、角色扮演等具体的体验学习活动，都要求学生作为主体亲自参与、亲身经历，外人无法代替。在活动过程中，学生都是以主人翁的身份进行的，亲自参加活动，亲自感受了整个过程，其主体认知作用是教师所无法替代的。

所谓感悟性是指体验式学习，可以使学生获得第一手的经验、具体化的感觉、获得对知识、技能、过程、方法、情感等的感觉、知觉、表象，但又不能让学生的收获仅仅停留在这个层面上，学生还要在老师的引导下对这些东西进行升华，升华为科学理论、文学手法、道德、观念、态度和价值观，也就是要让学生从中感悟出一定的道理、观念等。

2. 学生学习方式的立体化

通过团体动力的理念、方法、手段使学生多个感官同时调动起来，多方位多角度参与其中。在传统上，老师是教学的中心，学生只需专心听讲、认真记笔记即可。而体验式学习可以让学习者发挥主动精神，对自己的学习负主要责任，真正成为学习过程的主体。体验式情景下，学生学习的主动性被充分地调动起来，不知不觉地、认真地感受、操作、发现。学生的学习是在情景的吸引下、情景的推动下，自然融入，各种感官都自动参与，就像旅游、就像劳动、就像看电影、就像聊天。自然参与，学习显得轻松自然而有效。

3. 过程立体化

呈现的过程是互动的动态过程，体验式学习中学生一般被放在特定的真实或模拟的情景中，学生的兴趣很容易被调动起来；体验要求学生作为主体亲自体验，身临其境观看庐山瀑布，亲自体验磁力线，亲手操作电脑，亲自学习打篮球、打排球运动，亲身朗诵诗歌、散文，与同学老师探讨，这些体验过程无一不是一种快乐的事。因此体验式学习就是具有把学习与娱乐融合在一起的功能，在整个学习过程中体验、讲解、分享交互使用，师生、生生和谐互动。

二、全面性

1. 发展的全面性

发展的全面性是指知识学习和人格培养同时进行，左右脑同时调动，身心同时发展，在体验式团体教育模式中通过构建一个充满爱心的班集体，来完成"教育学生要彼此尊重和相互关心"的任务。如同成人需要情感关心一样，儿童也需要彼此的情感关心，当他们感到被所属群体接受和承认时，便倾向于接受该群体的价值观和规范。在教室里，当学生成为充满关爱的道德共同体中的一员时，他们生活于其中就可以有效地学习道德。如果他们受到尊重与关心，他们也会在实践中将这种尊重与关心给予他人，通过日常经验，对他人的尊重与关心会逐渐成为习惯，成为他们人格的一部分。

2. 参与成员的全面性

全体成员的积极参与，包括老师和学生，作为一名教师，只有体验过或体验着幸福，才可能把这种幸福的阳光播撒到学生身上，学生也只有亲身体验到这种幸福和快乐的教育，才能幸福和快乐地成长，这种师生间亲力亲为、交融互动的体验教育才能成为以心灵感动心灵、以人格塑造人格的教育，这样的体验教育才能达到预定的教育目标，才能实现以人为本的教育目的。

教师作为监护者、榜样和良师，以爱和尊重的方式对待学生，鼓励学生正确的行为，纠正他们错误的行为。如果孩子们体验的不是对他们的尊重和关爱，他们就不可能对成人敞开心扉，接受成人所希望传递的价值观。

其具体措施包括：①教师可以作为监护人，热爱和尊重自己的学生，帮助学生在学业方面获得成功。以尊重的方式看待他们使他们获得自尊，以道德的方式对待他们使他们能对道德的意义获得直接的评价。②教师在教室内外，在尊重与责任方面，在关心和道德推理方面给学生提供高水准的榜样。教师可以作为道德方面的良师，通过解释、讲故事、课堂讨论、奖励积极的行为、道德反馈矫正等方式，给学生提供直接的教育和指导。

3. 手段的全面性

体验式团体教育模式可分为四个阶段进行。

第一阶段，可以利用当下所有的条件为场景服务。老师有一个启动体验教育的阶段，要充分利用当下条件，进行暖身和热场。在这个阶段主要是引导学生产生适当的动机，促使学生开始亲历或者选择亲历的方式。

第二阶段，相当于个体亲历的过程。在这个阶段，学生直接参与到老师创设的情景中亲身体验，参与活动，获得感受。

第三阶段，体验的关键阶段，相当于个体体验的第二阶段，个体通过反思、同化或顺应等方式，将亲历中对事物、知识的感知或者对情境、人物的情感体验内化为自身行为或观念的过程。在这个过程中，老师要善于发现学生新体验与固有观念的冲突，及时引导学生在冲突中升华认识。

第四阶段，相当于个体体验的第三、四阶段，由于个体体验的程度或者体验本身的内容不尽相同，有的经过一次体验与反思，就可以形成人生经验，而有时则不行，需要反复体验，或者在不同的情境中反复体验，人生绝大多数经验属于后一种情况，因此，体验是需要经过不断外化、不断调节才能形成的。这个阶段老师可以给学生布置一定的实践性作业，让学生初步形成的观念有一个实践的机会，教师还应当细心观察学生体验学习之后的行为变化，对他们的积极变化及时给予肯定。

体验式团体教育模式对教师提出了更高的要求，它需要教育者在活动开展前，进行更加精心的思考与设计，它需要教育者必须具备教育心理学的实用知识与技能，它要求教育者必须具备生活中的智慧，也必须具备理解每一个学生的独特的感悟能力，只有这样，他才能设计出依据学生实际与社会实际的多样性的体验活动，也才能在活动中时刻注意改变设计，或者增加活动内容，以促进学生理性认识的形成。因此，体验式团体教育模式的提出是对教师能力的一个挑战，它将促使教师首先进行知识更新与观念转变，从而促进教师队伍素质的提高。

第四节　体验式团体教育模式的评估

任何一种教育模式都必须接受效果评估，否则教育将流于形式，起不到任何作用。所以为了避免教育的盲目性，建立一套科学有效的教育效果评估系统势在必行。

一、评估标准

评估标准有四级，具体如下。

1. 反应标准(一级评估)

反应标准用于对表面效果的测评，通过学生所产生对每一个应用模式教师教育效果的情绪、注意力、意见作出评价，结合所有人员的总体反应可以得出对效果的基本评价。

2. 学习标准(二级评估)

在这样的模式中学习到了什么？内容和方法是否合适、有效？每一个学习过程是否满足和达到了所提出的要求？对这些问题的回答是二级评估的具体标准。

3. 工作行为标准(三级评估)

三级评估分析是否带来了教师、学生行为上的改变。体验式团体教育模式的目的是提高能力，而能力是通过行为表现出来的。因此，评价模式的效果就要看教师和学生在工作行为上和学习行为上发生的可观察变化及应用前后的变化程度。

4. 组织成果标准(四级评估)

对体验式团体教育模式的最终评价应该是以教育的工作绩效为标准。也就是说，工作行为的改变带来的是工作绩效的提高。因此，可以直接对进行实验的班级学生的学业成绩和道德素质、心理素质，进行测量、分析和判断，确定试验的效果。

二、评估时间

(1) 一级评估在教育中进行评估。

(2) 二级评估在教育中、学期结束时进行评估。

(3) 三级评估在教育开始三个月之后的工作中进行评估。

(4) 四级评估在教育后半年、一年后从工作绩效中进行评估。

三、评估方法

(1) 一级评估多采用教育效果问卷调查、与参与人面谈、教学时观察等方法进行。

(2) 二级评估采用的方法有：课程中测验或考试、教学效果调查问卷、教学人员思想汇报等。

(3) 三级评估以局部调查或访问的方式，访问老师和相关管理者，根据工作量有无增加、工作素质有无提高、工作态度有无变化等进行评估。

(4) 四级评估主要为绩效考核法。所谓绩效考核法，是指对员工在工作过程中表现出来的工作业绩、工作能力、工作态度以及个人品德等进行评价，并用来判断员工与岗位的要求是否相称的方法。

第四章　体验式团体教育模式的"三位一体"思想

"三位一体"比喻三个人、三件事或三个方面联成的一个整体。体验式团体教育模式围绕教育的三维目标，即知识与技能、过程与方法、情感态度与价值观，从教育教学过程中的教师、学生和团体动力场三个方面，运用"三位一体"的思想进行优化与解读。

第一节　教师优化方面的"三位一体"思想

一、教师能力的"三位一体"

作为一名教师，运用哪种理论和方法去帮助学生不是最重要的，最重要的要看是哪个老师在运用。一个优秀的教育工作者的基本能力是"术"和"道"，但最终的发展上限却是"德"。

(一)术

作为教育工作者，需要掌握一些技巧和方法。只有掌握了这些方法和技巧，在面对不同学生的时候，才能为他们提供更好、更完善的服务。于是，我们发现有很多教育工作者会不断地寻找新的技巧和方法，以求自己在教学过程中能够更好更到位地帮助别人解决问题。在这样的情况下，人们自然会形成一种对比：比较谁的水平更高，看哪个老师懂得多少技术和方法。这个老师懂得越多，就越受人们的尊敬，就像古代的武林高手一样。

(二)道

当两位教师掌握的技术和方法都差不多，但教学效果却有很大差别时，就要上升到"道"的层面。

在《道德经》中，"道"是指宇宙万物发生发展的规律。而在心理咨询行业，"道"主要表达的是人类心理活动的规律。马克思理论告诉我们，正确认识事物，需要经历两个阶段：感性认识和理性认识。感性认识是对事物现象的认识，是认识的低级阶段；理性认识是对事物本质的认识，是认识的高级阶段。但理性认识依赖于感性认识，没有感性认识，就不会产生理性认识。

在教育行业，教师想要"得道"，即掌握人类心理活动的规律，就需要从感性认识上升到理性认识。具体来说，教师就需要积累经验，之后再把经验上升为理论。

(三)德

当教师已经到达"道"的阶段时，下一步需要追求的就是"德"层面的提高。

"德"不仅仅指道德层面，它的范围更广。德的三个层面分别是：心理品格、社会品格、自然品格。心理品格是一个人的人格的修养；社会品格是这个人的社会道德修养；自然品格是这个人对自然界规律的辩证思考修养。

从狭义来说，每一个人都需要心理成长，不断学习新知识。不断充实自己，不断完善自己，不断提高自己，让自己成为一个更优秀的教育工作者。每一个教育工作者都有自己的局限性，只有经过在教育工作中的成长、历练和完善这三个过程，才能称为教育专家，才能使学生受益、使这个社会受益。

二、教师角色的"三位一体"

作为教师，要想使每天从事的教学活动达到预期的效果，就要认清自己的角色定位，教师角色也是三位一体的，即教师既是教育工作者，也是心理工作者和科学工作者。

(一)教育工作者

教育工作者是指从事与教育有关的各级领导、专家、研究人员、教师以及各级各类学校、教育机构管理人员，教学辅助人员和其他专业技术人员的总称。教育工作者的主体是教师。教育工作者在完成自己"传道、授业、解惑"职业目标的同时，更要注意到"教"和"育"的密不可分，不能为了"教"而教，不能仅仅把传授书本知识作为自己工作的唯一目标。要把"成人"和"成才"的关系处理好，并且意识到自己言行对受教育者产生的影响是十分重大的。

(二)心理工作者

教育是什么？皮亚杰认为，教育是认知发展的陶冶过程，就是创造条件，促使儿童与外界相互作用，使认知结构不断成熟和发展的过程。因此，教育目的不在于增加了儿童多少知识，而在于使儿童的认知结构得到了发展，把内心潜在的创造力和发展的可能性表现出来。按照皮亚杰的话说，教育的首要目的是培养儿童能做新事，培养创造能力和发明兴趣，而不在于只训练重复既有事情的人；教育的第二个目的就是要培养儿童的批评性，具有求证精神，而不只是接受知识。

从小学开始到高中毕业阶段正是学生人格成长的关键时期，如果学生遇到了懂些心理学知识，掌握很好沟通技巧，陪伴学生健康成长的老师，那是一件多么幸运的事情。这样的教育工作者是在教会学生成为德、智、体、美、劳全面发展的人。从这种意义上讲，教育工作者要努力成为一个心理工作者。

(三)科学工作者

教育工作者也是科学工作者。因为教育工作者在教育教学过程中一定要遵循受教育者(学生)身心发展规律,有目的、有计划、有组织地引导受教育者获得知识技能、陶冶思想品德、发展智力和体力,把受教育者培养成合格的、社会需要的人,使他们像科学家一样去探索未知,发现真理,改造世界,造福人类。《教师报》主编李炳亭对教师有这样一番解读:如果教师真的理解"以人为本"这四个字,就必须清楚和尊重自己,教师理应享受做"人"和做"教师"的尊严,教师必须作为一个科学工作者,尊重人性发展的规律,去唤醒学生、去成就教育、去贡献人类。

三、教学过程的"三位一体"

(一)讲解

讲解又称讲授,是教师在教学中运用口头语言,运用分析、解释、说明和论证等方法,系统地向学生传授知识、培养能力、进行思想教育的一种教学行为方式。

讲解的优点有:一是"省",省时、省力、省钱,使用方便;二是有效,由于教师精心组织,信息传输的密度较高,减少了学生认知中的盲目性,有高速高效的效果。讲解的缺点有:一是置学生于被动地位,不能解决师生交流和反馈问题,学生不能控制教与学的进程;二是只听不干,无直接的感性材料,学生无亲身体验;三是只靠听,信息保持率低,尤其是满堂灌式的讲解(有统计分析说,讲 15 分钟学生只记住 41%,讲 30 分钟学生只记住前 15 分钟的 23%,讲 40 分钟学生只记住 20%)。

由此可见,讲解为教师提供了主动权、控制权,但讲解不是唯一的方式,它不能替代其他方式,它只能在自己的范围内发挥作用,与其他技能合理配合才能取得好的教学效果。

(二)体验

体验是在实践中认识事物,亲身经历,共同享受。体验式教学是指根据学生的认知特点和规律,通过创造实际的或重复经历的情境和机会,呈现或再现、还原教学内容,使学生在亲历的过程中理解并建构知识、发展能力、产生情感、生成意义的教学观和教学形式。体验式教学所关心的不仅是人可以经由教学而获得多少知识、认识多少事物,还在于人的生命意义可以经由教学而获得彰显和扩展。

体验式教学的特征如下。

(1) 体验式教学尊重生命的独特性。
(2) 体验式教学善待生命的自主性。
(3) 体验式教学理解生命的生成性。

(4) 体验式教学关照生命的整体性。

体验式教学中的师生关系是通过教学中的交往、对话、理解而达成的"我——你"关系，而不是单纯的"授——受"关系。体验式教学具有以下意义。

(1) 体验式教学是人解放自身的一种途径。
(2) 体验式教学是个体知识建构的基础。
(3) 体验式教学是个体品德形成的催化剂与心理健康的保障。

(三)分享

分享是共同享受的意思，就是要创设机会和舞台，让学生把自己个人或小组学习的感悟与收获、困难与质疑、反思与总结表达出来，与同学和老师共享。分享既是相互学习的过程，也是内化和提升的过程。对于参与分享的同学来说，参与分享有利于表达能力的提升和知识的内化，同时在宣泄情绪、表达情感方面也会起到积极作用。对于其他同学和老师来说，分享的过程不仅是听的过程，还是对照与反思的自我提升过程。

在体验式团体教育模式中讲解、体验、分享各占三分之一的时间，老师时而在讲解，此时学生的角色任务是倾听；时而在左右陪伴，此时学生的角色任务是体验；时而在引导表达，此时学生的角色任务是分享。讲解、体验、分享的和谐互动场景保证了，人人都是课堂的主人，从而使每一名学生在课堂上都得到关注，都有所成长。

四、教学方法的"三位一体"

(一)此时此地技术

此时此地技术就是指充分利用当下的时间、空间和所用资源。"当下"本是佛教用语，"当下"就是现在这一刻，"当下"也是永恒。"当下"是佛经里面最小的时间单位，1分钟有60秒，1秒钟有60个刹那，一刹那有60个当下。也就是说，1秒钟有3600个"当下"，把时间切到很小很小的单位。人应该将精神集中在现实的生活与感受中，而不要沉溺于过去的事情。人的许多焦虑都产生于不能正确对待以往生活向当前生活的过渡，以逃避现实的做法来处理个人生活中的种种挑战和压力。这严重地阻碍了一个人的健康成长。

(二)描述技术

描述技术即描写叙述，即教师在课堂上观察到一些现象(包括正向或负向)，客观真实地将自己看到的实际情况用语言描述出来。不直接用自己价值评价标准的好坏。例如在课堂上教师看到某学生随手把纸扔到了地上，一般的时候教师会这样说："某同学你怎么随便把纸扔到地上，真是不讲卫生，破坏环境，一点好的卫生习惯都没有……"使用描述性语言应该这样说："某同学，废纸是不是应该扔进垃圾箱里面？"这种描述性语言的使用会使当事人自省并对整个教室里的学生都会产生积极的引导。

(三)会心技术

会心技术(真诚、倾听)是指运用一系列的心理学技术，达到温暖引导的效果，教师带领学生运用技术进入一个感性的世界、一个理性思考的世界，甚至是潜意识的世界。这三个世界相互连接，交融在一起，形成一种个体状态进而进入良好的团体状态。达到这三个世界的交融的时候，团体中的每一个人都能体会到当时自己的内心，也能体会到他人的内心，并能感受到相互之间的联结。达到这种状态所用的技术就是会心技术。这个会心技术在使用时包括理性部分、感性部分和潜意识部分。这种温暖的状态是情感作为基础的。也就是说，在运用会心技术的时候更多地要考虑"动之以情"和"晓之以理"，动之以情是以左脑为突破，晓之以理是以右脑为突破。这样既可以利用相关技术在实现课堂动力的均衡和良性发展，又符合了学生的身心健康发展的均衡。

五、教师历史观的"三位一体"

历史观又称"社会历史观"，是人们对社会历史的根本观点、总的看法，是世界观的组成部分。历史观主要是研究"社会"和"人"两个核心要素。地理环境、人口以及生产方式构成社会运动的基础物质要素，这些要素的有机统一就构成人类社会的基本生活条件。教师的历史观，即要处理好"过去—现在—未来"的关系。

作为教育工作者，要用历史和系统的观点来完成教育教学工作。教师要用历史观分析问题，用发展的眼光看待学生的成长，不仅看到学生的"现在"，即在老师和同学面前的表现，还要看到学生的"过去"，即家庭环境、人生经历等对其的影响，从而正确分析学生行为的原因。同时，也要看到"未来"，即每个学龄期的儿童都是一个不断成长和发展的个体，不能以现在的表现来断定学生的前程，在未来，每个学生都有可能获得成功。抱着这样的期待，教师自然能找到自己合适的定位和对待学生的态度，而这对于教育和教学的发展是极其重要的。

第二节 学校文化的"三位一体"

学校文化涵盖校园文化、班级文化和课堂文化。这三个文化构成学校文化的"三位一体"。

一、校园文化

校园文化是学校所具有的精神环境和文化气氛，它包括校园建筑设计、校园景观、绿化美化这些物化形态的内容，也包括学校的传统、校风、学风、人际关系、集体舆论、心理氛围、学校的各种规章制度和学校成员在共同活动交往中形成的非明文规范的行为准则。

健康的校园文化,可以陶冶学生的情操、启迪学生心智、促进学生的全面发展。

学校没有了千万个朝气蓬勃的学生,无论多么英明的领导团体、多么扎实的硬件设施、多么雄厚的师资队伍都不可能使得一个学校的校园拥有强大的生命力。而特定的大学生校园文化的,要将大学生特有的思想观念、心理素质、价值取向和思维方式等作为校园文化的核心,突出人文环境和文化氛围。在这种由大学生自己作为主体营造的人文环境和文化氛围中,有校园特色的人际关系、生活方式以及由大学生参与的报刊、讲座、社团及其他科学文化体育活动和各类文化设施会作为校园文化的主要特征充盈着大学校园的各方面建设,从而使得大学校园更富有生机和活力。

校园文化活动是自发的,也是自觉的,是受社会生活影响,也受自我心灵主宰的;是无处不在的,是充满现代意识的,也是反映学生复杂心态的;是心灵的自然流露,也是充满创造力的;是受着时代文化潮流影响的,也是苦乐兼备的。人生与社会、理想与追求、情与爱,都会在校园文化中表现出来,扰人心怀,催人思索,引人前行或诱人堕落。

二、班级文化

班级文化是一个班级的灵魂,是每个班级所特有的。它具有自我调节、自我约束的功能。班级文化涉及与班级有关的各类人群,既包括我们以往比较关注的学生与学生之间的关系、师生之间的关系,也包括我们容易忽略的教师之间以及教师与家长之间的关系。而教师与教师之间是合力的关系,教师与家长之间是互补的关系。班级文化又可分为"硬文化"和"软文化"。

(一)班级"硬文化"的建设

所谓硬文化,是一种"显性文化",可以看得见、摸得着的环境文化,也就是物质文化,比如教室墙壁上的名言警句、英雄人物或世界名人的画像;摆成马蹄形、矩形、椭圆形的桌椅;展示学生书画艺术的书画长廊;激发学生探索未知世界的科普长廊;表露爱心的"小小地球村";悬挂在教室前面的班训、班风等醒目图案和标语等。

苏霍姆林斯基曾经说过,要使教室的每一面墙壁都具有教育的作用。可见,对于教育而言,一切都可以成为它的有利素材。有效地运用空间资源,创设具有教育性、开放性、生动性且安全性的"硬文化"环境,对于陶冶学生的情操,激活学生的思维,融合师生的情感有着巨大的积极作用。对班级"硬文化"环境建设的法则是:力求朴素、大方,适合学生,突出班级特点。

1. 注重教室的卫生

干净的教室不是打扫出来的,而是保持出来的。平时的工作中,经常教育学生看到地上有纸屑就主动捡起来,课桌椅、小黑板、扫帚、水桶要摆放整齐等,让每个学生都感受到主人翁的责任感——"教室就是我的家"。教室的卫生是班级文化环境的基础,有了这个

"地基"我们就可以添砖加瓦了。

2. 重视教室的布置

两侧的墙壁可以贴一些字画、人物的画像等(由学生选出);教室的四角,可以安排成自然角、科技角、书法角等;后面的黑板报应经常更换,由学生自己排版、策划;教室前面黑板的上方可以张贴整个班级的座右铭。教室的布置不能乱,应使各个部分都和谐统一起来。最好的办法是先确立班级的主旨,如布置一个热爱自然的班级,我们就可以以四季的变化来布置,从而激发学生探索大自然奥秘的兴趣;如果要布置成一个充满书香气息的班级,就应该备有书橱,里面摆满了学生爱读的各类书籍。

3. 讲究座位的排列

随着经济的迅猛发展,教育也发生了变化,原来是"大锅饭"教育,变成了现在的"精品"教育。教师有更多的精力来考虑教育素材,可以根据班级教学和活动的需要,将座位由过去单一的"秧田式",变成便于师生交流的"马蹄形"以及便于师生交流的"面面型"等。

(二)班级"软文化"的建设

"软文化"则是一种"隐性文化",包括制度文化、观念文化和行为文化。班级"软文化"环境是班级文化环境的核心,是最能体现班级个性的,班级整体形象的优劣最终取决于班级"软文化"环境是否健康。建设好班级"硬文化"环境,就好比是给这个班级做了一件好看的外衣,班级真正的精神体现还要看班级"软文化"环境的建设。

1. 班旗、班歌、班徽对学生发展的影响

班旗、班歌和班徽是班级"软文化"环境建设的起点,就像一场音乐会前的造势活动,令观众更加神往。在设计它们时,班主任应调动全班师生参与,并通过适当的途径征求学校主管部门及校长的意见,引起他们的关注,给他们一个美好而鲜明的印象。设计完成后,应通过集合、比赛、年级活动等各种场合展示班旗、班歌和班徽,使本校师生注意到本班的形象标志。

班旗、班歌、班徽作为班级和班级特色的标志有助于学生对班级产生认同感和自豪感;更重要的是,这些设计活动有助于挖掘学生的创造力、合作力,加强班级的凝聚力,增进学生间的了解和信任。

2. "班风"的建设及其对学生发展的影响

这是班级"软文化"环境建设的重头戏,也是整个文化环境建设的核心部分。它包括班级风格和班级风气,是班级对外的社会形象。

(1) 教师方面。积极健康的"班风"的形成,是多种力量参与、众多因素结合的有机

反映，教师在这里是一个关键因素。教师(特别是班主任)对班级的领导方式，与"班风"有着密切关系。一种好的班级领导方式，对于学生的身心发展有着极大的鼓励作用。当前，大多数小学采用的都是专制型的领导方式，它在很大程度上抑制了学生的创造性，使学生丧失了自觉性，阻碍了学生的主动行为。

所以，在教师的领导方式方面，建议采用一种民主型的领导方式，或是一种参与式的领导方式。教师参与到班集体当中，与学生一起，共同制定班级的各项规章制度、班级计划，或是对某事进行集体裁决；教师在不损害班级整体利益的情况下，可以给某个学生特殊的帮助或者指导。教师要接受学生的监督；要给班级活动以最大的支持，并尽可能地参与其中；在学生作出选择时，教师要给予客观公正的表扬或批评，尤其在批评时，教师要注意语言的运用，不可挫伤学生的积极性；在建立民主型领导方式的过程中，作为教师(尤其是班主任)，应该是一个设计师，班级发展方向的设计师，而不是班级的保姆或消防员。

(2) 学生方面。学生是班级文化环境建设的主体，在班级"软文化"环境的建设中，学生与学生之间的相互引导作用，对于班级风气的形成，是一股巨大的力量。

在班级的活动中，尤其是在班级的学习中，合作和竞争是影响班级风气的两个重要变量。合作，就是为完成同一目标而协同活动，从而产生对双方都有益的结果。在班级中，它能增进集体的凝聚力，形成积极的班风，促进学生的和谐健康发展。它能够取长补短，让学生积极思考彼此间的差异，从而积极地改进自己的不足，提高学习自觉性。竞争，就是为同一目标而与他人竞争，从而实现自己的目标，还能够激发学生的学习动力，提高他们的标准和抱负，增强学习效率。当然，激烈的竞争可能导致一部分学生过分紧张和焦虑，因而抑制学习，引起学生对学习的抵制，对学生的内部团结也造成了伤害。协调好合作和竞争的关系，对班风的建设尤其重要。

青少年时期是身心急剧发展的时期，身心机能的迅速变化使学生产生许多新的、尚不十分清楚的体验，他们迫切希望从对同辈集体和伙伴的了解中来揭开心头的疑团和困惑。于是，他们逐渐把注意力转到同辈同伴和集体身上来。随着对同辈集体力量的依赖以及与同辈集体利害关系的发展，学生遵从集体压力的倾向日益明显。

3. 制度文化的建设及其对学生发展的影响

面对丰富的班级制度文化，学生学习、吸收和内化，本身就是一个教育过程。班级制度文化的建设，不仅为学生提供了一个制度化的法治环境，还为学生提供了评定品格和行为的尺度，从而使每一个学生时时都在一定的准则规范下自觉地约束自己的言行，使之朝着符合班级的群体利益、符合教育培养目标的方向发展。学生在良好的文化氛围中正确面对学习和生活，建立法治观念，按照法规办事，履行自己的职责和义务，维护自己的权利，不断提高自身的社会化程度。

学生一旦置身于班级集体的文化氛围之中，他们的思想观念就会潜移默化地受到影响，日积月累就会形成一种与班级文化相融合的价值观。班级中全体成员的群体意识、舆论风气、价值取向、审美观念、制度文化和精神风貌的反映，是班级文化的核心与灵魂。班级的"软文化"弥漫在班级的各个角落，学生经过长期的耳濡目染，"社会化"水平得到不断的提高。

班级"软文化"的主体是班风。良好的班风是无声的命令，是不成规章的准则，它能使学生自觉地约束自己的思想言行，抵制和排除不符合班级利益的各种行为。建设良好的班风，能在班级成员的心理上产生巨大的内在激励因素，增强班集体的向心力和归属感。班风巨大的激励作用，还能使班级中的每个人都精神振作，身心愉悦，人与人之间紧密团结，高度信任，人际关系和谐，班集体由此焕发出无穷的力量和生机，班集体与学生获得共同的成长与发展。因此，班级文化最大可能地成为塑造学生心灵的栖居地。

三、课堂文化

所谓课堂文化，就是通过教师的教育智慧，创建、激发富有生命的、有效的课堂，从而形成一种对生命的理解、关怀与尊重，开放、自由、和谐、智慧的，提升教师和学生生命质量的课堂文化。

课堂文化是一种特殊聚合化的文化，并带有一定的情境性，主要体现的是一种氛围，是一种人的精神气象，要从人的角度出发，体现对人的关怀与重视，建立在心与心的交流和沟通之上。这样学生才能放开、放松地进行学习，从而得到发展。课堂文化要充分体现个性、人道主义精神，从而形成一种内在的素质聚合力，促进其人格形成。课堂文化在一定程度上展现了一个班级乃至一个学校的风貌、风气。

良好的课堂文化具有较强的聚合力。提倡建立师生平等、和谐的课堂气氛，在课堂教学中，强调师生互动、共同探讨的教学模式，让学生自己去体验、去认识、去探究，从而达到自我完善、自我提高，进而促使其生命的发展。新课堂文化，关注学生的发展，体现了新课堂教学重过程、重体验、重探究的基本理念。

在体验式团体教育模式中，教师将为学生创建一种民主的课堂氛围，这方面的主要任务是利用体验式主题班会，让学生共同体验、感悟、分享如何使班级变得更好？以及要想使班级变得更好自己应该如何尽责？根据一般的原则，创造一种民主的课堂氛围意味着使学生专心于发展合适的行为方式，分享各种决定的制定过程，增强他们使教室成为一个好的学习场所的责任。

第三节 学生优化的"三位一体"

一、学生优化的三个方向

(一)家庭条件

1. 家庭条件的重要性

人们常说成功源于家庭。一位伟大的人物是诞生在母亲的摇篮里的,家庭是每个人在"成为一个人"的过程中的"第一阵地"。

"第一阵地"是儿童、青少年心理发育与成长的关键期,俗话说"三岁看大,七岁看老",这个民间谚语恰巧与发展心理学的观点是一致的。孩子出生后的最初几年,是他的生理和心理发育的关键时期,而这段时间孩子的成长是在原生家庭中完成的。在这段成长过程中,家庭是阵地,指挥官就是家长。如果家长没有按照心理发育的科学规律来和孩子相处,就会让孩子的内心在这段时间产生"创伤"体验,或者妨碍他的个性建设。比如,对自己的不接纳和对别人的怨恨等,大多是在这个过程中造成的。

现实生活中,我们无法要求每个家长都是发展心理学家,但至少需要拥有一个爱的环境,让儿童、青少年在心理成长的关键期感受到被尊重和被接纳,从而建构自信的自我这是必须的。父母对孩子的爱是一种本能,也是一种心理需要,是不用质疑的,但现实社会中许多爱却会让人受伤,甚至导致人生遗憾。所以说,通过体验式会优化学生成长,家庭环境对于学生的健康成长是极为重要的。

2. 家庭条件的三个维度:家庭文化、父母关系、亲子模式

在家庭文化中,人们认为"关系"大于"教育"。在一个现代家庭中,无论是夫妻关系,还是父子、母子关系,首先是情感关系,是因爱而产生的连接关系,继而产生其他一系列关系,如经济关系、血缘关系、角色关系等。这些关系的产生,都不是为了教育,而是为了互助互补。在互助中,承担了社会责任者教育提升其他家庭成员的责任。但这是一种互助性教育,不是单纯的教育者与被教育者的关系,而是一种以情感关系为依托的教育。这就是关系大于教育。

体验式团体教育就是要纠正将教育凌驾于情感关系之上的教育,提倡将教育融进情感关系中,在发展情感关系的同时进行教育,完成教育任务。

家庭的氛围要成为爱的流动、情感包围的状态,家庭文化影响父母关系,父母关系影响亲子模式,反过来亲子模式也影响着父母关系,父母关系也影响着家庭文化,这是一种动态的循环。这样的循环有的是良性的,形成了和谐的爱的流动;有的是恶性的,出现了爱的隔离,家庭成员会形成不同程度的心理问题;有的甚至形成家庭魔咒。由此可见,家庭条件的优化对于孩子和整个家庭都是非常有意义的。

(二)社会条件

社会条件即学校,"成为一个人"的"第二阵地"是学校。一个孩子从上小学到大学毕业走上工作岗位,要在学校里度过十余年的时光,这是孩子成长和发展的又一关键期。在这个关键期中的生生关系、师生关系、班级氛围对孩子的成长都起着重要作用。对学生成长的社会环境进行优化可以更好地为学生的幸福人生保驾护航。

(三)自主管理能力

苏霍姆林斯基指出:"真正的教育是自我教育。"班级管理不应是老师约束学生,而是学生自我约束,现代班级教育要以学生全面发展为本,着力培养学生自主教育的意识和能力。学生作为班级的主人,只有主动参与到班级管理中去,才能营造一个自信、快乐、和谐、实力强大的班集体。我们也客观地看到无论哪一方面的自主管理,都与情感和意志密不可分,所以通过体验式班会对学生进行良好习惯的培养和心理资本提升是非常必要的。

二、学生成长的三条主线

学生成长的第一条主线是生理化的,即生物遗传和生理发育的内容和过程。第二条主线是社会化的,即社会化过程中形成独特个性的过程。学生成长的第三条主线是文化的,即在成长的过程中发生的许多有意义的事件、遇见对自己有影响的人,以及去过的难忘的地方。

这三条主线不断地向前走到今天,就是今天的自己。每个人都像是一棵树,树上面有许多"果子",有的"果子"代表着成为一个人的过程中发生的有意义的事件,有的"果子"代表着遇见的那些有影响的人,有的"果子"代表着曾经去过的那些难忘的地方。每个人都有一棵山楂树,树上都会结一些"果子",所不同的可能是有的树上的"果子"多一些,有的少一些。"果子"的多和少不能决定生命旅程的色彩和幸福的程度。

什么才能决定生命的色彩和幸福的感觉呢?那就是"意义"。每一个"果子"都会被我们赋予不同的意义,意义主要分为两种,一种是积极的,一种是消极的。被我们赋予了积极意义的"果子",每次我们摘下来吃都是甜的;被我们赋予了消极意义的"果子",我们不要说吃,就是抬头看一眼,都会觉得内心很酸楚,甚至痛苦。有的人树上苦的"果子"多过甜的,就感到人生总是不如意。其实是自己经常抬头看自己树上的"果子",看在眼里苦在心里。有的人生活在阳光春风里,是因为他的树上的果子都被转换成"甜果"了,每吃一个,就觉得吃在嘴里甜在心里。智慧的人会在生命旅程中接纳所有的"果子",并赋予积极的意义。

三、学习的三个心理过程

学习的三个心理过程是呈现、表达和转化。

呈现指的是通过一些技术如角色扮演、多媒体课件等把要学习的新知识或困惑展现出来。

表达指的是学生通过呈现环节有所思、有所想、有所悟，并通过分享和情景剧等方式把自己学到的知识展现和表达出来。

转化指的是在呈现和表达的基础上，通过老师的干预、指导让成员把学到的知识巩固、内化和提升。

第四节 团体动力场优化的"三位一体"

一、团体动力场优化的三个方向

(一)物理空间

物理空间是有效开展团体教育的前提和保障。物理空间的大小、环境、温度、亮度、物品的多少与摆放等都会影响到团体效果。在物理空间优化方面还要充分考虑物理空间与团体目标、教师能力和团体大小的匹配度。优化物理空间是团体动力优化的首要和前提。

(二)动力过程

动力过程的优化是团体动力优化的核心和关键。团体是在动力场的推动下进行的，动力的发展和方向决定着团体的发展和方向，教师在整个团体开展中始终要围绕团体目标进行场地建设，场的氛围与开放度都要与团体目标相匹配，团体开展的过程也是导师把握动力的过程。

(三)动力状态

动力状态就是团体成员之间彼此的关系度。动力状态决定着团体目标的实现效果，团体最好的治疗因子就是温暖和爱，这也是自然团体和强化团体的差别所在，同时也是为什么一些心理问题和心理创伤可以在团体中得以修复的原因。可以说，团体动力场优化的最终目的就是要达到自然、温暖、流动的会心的动力状态。

二、课堂教学(角色)动力策略

1. 时而在前

在体验式团体课堂上，教师在前进行目标和知识的讲解和方向引领，此时学生的任务是倾听和领会，也就是导师在讲学生在听。

2. 时而在后

教师时而在后是让学生分享或展示自己的学习成果或思想、情感方面的感悟与收获，教师在后促动学生更好地表达，并进行适时的强化。

3. 时而在左右

教师时而在左右是教师创设情境，学生进行体验，也就是学生在做中学、做中悟，教师在陪伴、欣赏和观察中关注每一名学生，以达到让每一名学生都参与到体验中。

三、教育教学三点动力运动

教育教学三点动力运动包括个体、小组和班级。

一个班级就是一个"人物"，一个班级就是一部"名著"，一个班名就是一座思想宝库。那么这个人物、这部名著、这座思想宝库，是否鲜活、是否可读、是否丰富，与小组建设、每个学生个体之间又是怎样的关系？他们之间的关系和谐度对整个班级动力场的建设产生怎样的作用呢？

班级管理层层管、立体管，发挥小组长的作用。小组长，既然是教师助理，也是代表班主任执行班规，建设和谐班级管理的助理；学习小组长既是班主任的助理，也是建设和谐班级、和谐小组的领袖。我们一定要让每个孩子都感觉到他是班级的一员，要让每个孩子都参与班级的管理，工作一定要做到每个学生的心里去，让他感觉到这个班级是为了每一个成员的发展。要让每个孩子尽他最大的努力，得到最好的发展。现代班级建设的一些做法：记录班级成长的班级日志，学生自己办报纸等。班旗；班徽；班训；班歌；班誓；卓越日报；卓越播报；班级书橱；班级荣誉；每日名言等，都是值得借鉴的班级建设方法。

四、课堂中的三种动力模型

1. 以点带面

以点带面，就是用某一个体的成功经验或真诚的表达来带动其他成员。在课堂中，个体的积极变化对小组和班级带来影响就是以点带面的过程。

2. 以面带点

以面带点，就是整个小组和班级积极变化带动其中个别成员也朝着积极方向改变。

3. 点面协作

点面协作就是"点"的突出改变和"面"的整体推进的有机结合。"点",可以突出重点,体现深度;"面",可以顾及全局,体现广度。点面结合,可以既有深度又有广度地协作过程,在课堂上表现为个体与个体、个体与小组,也可以是小组与班级整体这三对关系科学合理构建的过程。

第五章 体验式团体教育模式操作技术

第一节 体验式团体教育模式中的技术

一、体验式团体教育模式的技术体系

体验式教育模式，是涵盖教师心理资本建设、校园生态文化建设(包括校园生态建设和心理健康课)、班级建设(包括班会、家长会)，以及课堂动力建设四个方面的新型教育模式。其中，教师心理资本建设、校园生态文化建设等以心理学的相关理论和技术运用于教育领域，是学校心理学工作者和学校心理学家的主要工作，属于心理教育技术的范畴。班级建设中的班会、家长会，以及课堂教学的动力和效率提升，属于教育学的理论和方法运用于教育领域，只是在其中加入心理学的动力和团体思想，两者结合，进一步提升班级凝聚力和课堂效率，属于教育心理技术的范畴。具体分类如图5-1所示。

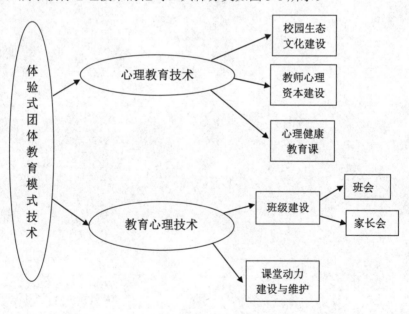

图 5-1 体验式团体教育模式技术体系

体验式团体教育模式有一套完整的技术体系，不仅将心理学合理运用于教育中，还深挖教育学中的原理和知识，进行改造和运用，力图打造全方位的高效率教育过程，让学生、教师、家长在关系融洽和谐的同时，在乐中学、在乐中教、在乐中成长，真正解决教育难题。

二、体验式团体教育技术的来源和分类

在体验式团体教育技术的体系中，我们可以看出，其技术体系一部分来自心理学，一部分来自教育学，而两者都同时立足于团体这一核心，将班级、学校、家长、教师，看作是一个自然形成的团体，将技术运用于这一团体中，经历团体成长的各个阶段，最终实现参与成员的成长。所以，体验式团体教育模式运用的技术中有根据教学情境和需要现场制作的技术，但更多的还是将已有的心理学和教育学的团体技术通过转化的手段，恰当地运用到课堂和班会、家长会的情境中，而我们在具体的实践和试点过程中也逐步积累了许多技术和方法可供参考和使用。

传统的学校心理学把更多的精力放在学生的团体和个体心理咨询上，体验式团体教育模式将这些技术搬到课堂，搬到班会和家长会中，搬到教师心理资本的培训中，了解学生、教师、家长的特点，经过实践积累，便能掌握其中的诀窍。传统教育技术更注重讲授的方式和教案的编写，体验式团体教育模式的技术更注重课堂的氛围和师生关系，和谐的师生关系、教师和家长的关系，似乎看不见、摸不着，却对课堂学习效率有着至关重要的影响，因此，教育技术与心理学的融合也是非常必要的。

既然立足于团体，那么体验式团体教育在实施过程中的发展就将经历一般团体的发展阶段：暖身阶段——团体转换阶段——团体工作阶段——团体结束阶段。体验式团体教育模式的操作技术也就相应地分为：团体暖身阶段操作技术、团体转换阶段操作技术、团体工作阶段操作技术与团体结束阶段操作技术。

三、团体技术的制作与转换

(一)团体技术的制作

我们现在从不同的地方可以找到一些设计好了的团体技术，但其实我们也可以自己去制作团体技术。制作团体技术，除了能为团体成员带来新鲜感之外，更重要的是，通过学习团体技术的制作，可以更清晰地了解团体技术的本质以及每一个环节设计的最终目标，这并非"现学现用技术"可以达到的。在团体技术中，制作团体技术是一个关键，团体教师可以根据团体目标来设计针对性的团体教育技术。一个团体教师在团体技术制作上会有两个阶段，这两个阶段也分别体现了团体教师在当下的团体带领能力及团体心理咨询的一种状态。而且每个阶段又是不断上升的，或者是变化的。

1. 灵感阶段

顾名思义，在这个阶段会有很多关于团体教育技术的思想不断地涌现出来，这是因为在不断的团体实践中，经验而形成的新灵感。这个阶段在制作技术能力上还是盲目的。大多数在这个阶段"发明"的技术，都不是为了目标而设计的，而是一刹那的灵感的结果。

这些技术虽然很有效果，但往往不具备针对性，如果运用在团体中，团体目标效果很好的话，多少有些运气的成分。但对于一个团体教师来说，这是一个很重要的阶段，也是往更高处攀登的一个必经阶段。

2. 针对性阶段

在这个阶段，团体教师除了有灵感之外，还有目标性、针对性，并开始考虑团体技术的可操作性，此时是为了实现团体目标而制作团体技术。

(二)团体技术的转换

团体技术的转换，即根据团体内的实际需要自由地穿插运用不同的技术。当我们懂得转换技术的时候，我们就不再受团体技术本身的限制，而是根据自身需要，恰当地中断、改变、穿插和变换不同的技术。

当我们懂得制作技术的时候，我们就不再受团体技术本身的制约，而是根据自身的需要，恰当地中断、改变、穿插和变换不同的技术。如果一个技术尽可能地可以同时达到多个目标，那将是一个很好的团体教育技术。暖身阶段，我们的主要目的在于提升课堂和团体动力，将成员带到当下的课堂中，同时营造真诚、友善的氛围，适合这一阶段的技术都可进行选择性地运用。

第二节 体验式团体教育暖身阶段操作技术

在团体暖身阶段主要使用的是场氛围，目的是通过暖身促成团体成员初步互动，既营造一个轻松温暖的氛围，又能集中成员注意力，调动学生参与团体的情绪，增进彼此间的信任感和凝聚力。这是一个破冰和建设场地的过程，这一过程一般用时 5～10 分钟。下面介绍一些团体暖身阶段广泛使用的技术，包括动作类和语言类暖身技术，供大家参考。

一、动作类团体技术示例

技术 1 进化论

技术目的：用于随机分组，以打破原有的人际圈子，更广泛地与他人进行交流。

技术准备：如果在小学实施此活动，可准备适量的动物头饰，以活跃气氛，并给最后形成的各小组一个形象的标志。

操作流程：

1. 先和学生讨论进化论中出现的进化种类，如鱼类——两栖类——爬虫类——鸟类——哺乳类——人类，依次分组，并决定增减种类的数目。

2. 向学生征求各类动物的代表动作。

3. 请学生们就近找人猜拳,皆以鱼的身份为始,赢者进化,输者退化。
4. 再以猜拳后的新身份,表演代表性动作,继续寻找同类猜拳。
5. 大约进行两分钟后,停止活动,同类为一组。
6. 若每组人数有差距,再征求志愿者进化或是退化,直到每组人数达到约略相同为止。

注意事项: 整个活动控制在 10 分钟以内。

技术 2　拼图大考验

技术目的: 找一些学生感兴趣的图片(如灌篮高手、NBA 或卡通图片等)实施拼图活动,进而达到分组的目的。

技术准备: 与图片相同大小的空白纸、胶水(欲分几组就准备几份);把每张图片剪成若干小张(假如学生共有 48 人,分成 8 组,则要 8 张图片,每张图片剪成 6 小张)。

操作流程:

1. 出示 8 张原图(投影或贴图),让学生对图片有一定的印象。
2. 把事先剪好的小张图片放在袋子里让学生抽取。
3. 播放欢快的音乐,请学生们举起手中的小张图片,不许说话,只凭眼神、表情和动作去寻找自己的"伙伴"。
4. 拼好图片的 6 人立即将图片用胶水粘贴在空白纸上,高高举起,以示胜利,并自然地成为活动小组。

注意事项: 图片既要有区分度,又不能太复杂,以免拖延活动时间。

技术 3　大风吹

技术目的: 突破旧有的人际圈子,促使学生改变原有的习惯性人际组合。

操作流程:

1. 学生进教室后可自由组成若干个 4 人小组(或 6 人小组、8 人小组),每组围成一个小圆圈,多余的 1~2 位学生担任主持人(如果分组没有余数,则由辅导教师担任),立于场地中央。
2. 主持人一开始说:"西伯利亚过来的大风吹呀吹!"大家问:"吹什么?"主持人说:"吹穿白色球鞋的人。"则凡是穿白球鞋者,均要移动,换到其他小组里去。主持人要尽快抢到某小组一个位置,于是使得另外的 1~2 人没有了位置,由他们担任新主持人,再接着"吹",直至小组新的组合基本形成为止。

注意事项:

1. 可"吹"之对象应随机确定:扎辫子的人、戴眼镜的人、剃平头的人、双眼皮的人、穿某颜色衣服的人、戴团徽的人、剪短发的人、圆圆脸蛋的人……
2. 只要达到分组目的(如打破了分组时的男生女生界限),即可停止。

技术 4 抓手指

技术目的：活跃团体气氛，打消防备心理。

操作流程：

1. 全班学生围成一个圆圈，如果场地较小，也可以围成两圈，里外各一圈，内外圈学生相向而立。

2. 每个人伸出右手，掌心向下；再伸出左手，食指向上。将左手食指顶住你左边同学的右掌心，而你的右手掌心则与你右边同学的左手食指尖相接触。

3. 辅导老师可以设计一段引导语，话里面会间隔出现"××"两个字，当教师一说到"××"两字的时候，学生便用自己的右手掌去抓旁边同学的左手食指，而自己左手的食指则争取快速逃脱，不让别人的右掌抓住。

例如以"情绪"二字为动作信号的一段引导语。说起"情绪"，我就想起了许多有关的词语：像"怒发冲冠""勃然大怒"，那是形容一个人愤怒情绪的；"眉开眼笑""喜笑颜开""喜上眉梢"，那是表现一个人的情绪如何快乐的；像"惊慌失措""惶恐不安"，则反映了一个人的情绪一定非常紧张；如果书中出现了"悲痛欲绝"这个词，说明那个人正在极度伤心之中；"热泪盈眶"这个词，看似写悲，其实写喜；而像"破涕为笑"这个词，那描写的就是我们小孩子的情绪变化了！

注意事项：教师的引导语要混杂设置一些接近动作口令的反义词或读音相近的词语，以便刺激学生的听觉器官，有意造成学生在活动过程中的失误。

技术 5 一边倒

技术目的：活跃气氛，集中学生注意力。

操作流程：

1. 让每个同学伸出双手，握拳，拳心朝向自己的胸前，当教师喊口令"一边倒"的时候，左手伸大拇指，右手伸出小指头。

2. 教师再喊"一边倒"的时候，收回左手大拇指和右手小指头，同时伸出右手大拇指和左手小指头。

3. 如此反复，喊口令的速度不断加快，直至学生乱了阵脚为止。

注意事项：

1. 可选一位同学在前面带领大家一起做，动作与全体学生相反。

2. 口令应先慢后快。

技术 6 万花筒

技术目的：本游戏适合于新组建班级成员之间的相互熟悉、打破尴尬时使用，可以帮助学生消除拘谨情绪，增进沟通；也可以用于随机分组。

技术准备：小鼓一面。

操作流程：

1. 让所有的学生务必记住以下 7 条口诀。

牵牛花 1 瓣画成圈；杜鹃花 2 瓣好做伴；

山茶花 3 瓣结兄弟；马兰花 4 瓣手拉手；

野梅花 5 瓣力气大；茉莉花 6 瓣好亲热；

水仙花 7 瓣是一家。

2. 让所有的学生随意站立在指定的圈内，游戏开始，主持人随机击鼓念口诀，主持人的口诀随时会停止，当主持人喊到"山茶花"时，场内的参赛者，必须迅速抱成 3 个人的圈，当喊到"水仙花"时，要结成 7 个人的圈，当喊到"牵牛花"时，只要 1 个人站好就可以。

注意事项：主持人的口诀不要按原文顺序喊，而应该是随机的；语速要适中。

技术 7 大西瓜 小西瓜

技术目的：激活团体气氛，打消成员的防备心理。

操作流程：

1. 首先说明游戏规则，即：教师说"大西瓜"，学生要用双手比画出"小西瓜"的样子；教师说"小西瓜"，学生则要用双手比画出"大西瓜"的样子。

2. 教师随机(无规律地)说出"大西瓜"或"小西瓜"这两个词，学生跟着教师的口令做动作。

3. 语速可以先慢一些，等学生的双手动作基本熟悉之后，教师就可以适当地加快语速，直至学生屡屡出错、哄堂大笑为止。

注意事项：做"大西瓜"的手势时，动作幅度要稍大一些，以便与"小西瓜"的动作形成较大的反差，并增加游戏的难度；活动时间为 2 分钟左右。

技术 8 飞飞跑跑

技术目的：激活团体氛围，集中学生的注意力。

操作流程：

首先宣布游戏规则(出示投影)：

1. 教师有四个口令，喊"1"，做"飞飞"的动作；喊"2"，做"跑跑"的动作；喊"3"，做"跳跳"的动作；喊"4"，原地不动。除"4"之外每个动作只做三次。

2. 在听到口令后，学生如果没有反应或者做错了，高举右手大声喊道："对不起，我错了！"然后坐到座位上。

3. 游戏做到最后始终没有做错的同学获胜。

注意事项：

1. 教师喊口令不能喊得太快。

2. 在喊出口令七八次后，教师宣布暂停。
3. 教师可以参与到学生的活动中去。
4. 本活动适合在小学使用。

技术 9　扑克分组

技术目的： 随机分组，以促进团体成员的广泛交往。

技术准备：

1. 根据分组的人数需要准备扑克牌 1~2 副。若是分为 4 人小组，1 副扑克正好；若是分成 6~8 人小组，则需要 2 副扑克。
2. 将课桌按小组数拼好，每一组可放一块名牌卡，上面按扑克牌的点数写出小组的代号，以作为小组所在地标志。

操作流程：

1. 将扑克牌洗好，发给每人 1 张牌。
2. 持同一种点数或花色的同学立即根据自己的扑克点数或花色，聚集到小组相对应的桌号处。
3. 如果教师需要额外指定几个人来参加某项活动，那就指定拿"大王"的人走到前排。

注意事项： 可适当地播放音乐来活跃气氛。

技术 10　春夏秋冬

技术目的：

1. 让学生熟悉使用肢体语言进行沟通。
2. 活跃课堂气氛。

操作流程：

1. 辅导教师给学生指令：全体同学以自己出生月份来进行同类组合。
2. 每个学生只能以自己的手势表示自己的出生月份，不能发出声音。
3. 当学生以月份同类组合后，辅导教师可以让学生根据所指示的春夏秋冬四季进行小组合并。
4. "春""夏""秋""冬"四大组形成后，再快速地按男女性别各分为两小组，可称为"春 X 组""春 Y 组"等(用手势表示)。
5. 然后在各自组内讨论"出生在春季的男孩子(或女孩)有什么共同的特点"。

注意事项： 此活动可与青春期辅导内容结合起来。

技术 11　白菜与兔子

技术目的：

1. 训练人的集中注意力和反应能力。
2. 活跃课堂气氛。

操作流程：

1. 每小组 6 人，分成甲、乙两排面对面坐下，每排 3 人，并各选出一个领袖。
2. 每个学生都将双手平放在桌上，掌心向上。
3. 由双方的领袖轮流叫出植物(如白菜)或动物(如兔子)的名称，叫到植物时，对方的人要将双手上举，叫到动物时则放下双手，例如：芹菜(上举)，兔子(放下)，狐狸(放下)，菊花(上举)……
4. 两排领袖轮流叫名，节奏要快。当一方动作出现错误时，另一方就要大声说"错"。

注意事项：时间控制在 5 分钟左右，一旦气氛激活，即可适时叫停。

技术 12　兔子舞

技术目的： 用于分组，调动学生的合作积极性。

技术准备： 快节奏乐曲和音响器材。

操作流程：

1. 将全班分为几个 6 人小组，每个小组排成一队。
2. 小组后面一位学员双手搭在前一位学员的双肩上。
3. 辅导教师随着音乐的节拍喊出动作指令：左二(左脚跳两下)，右二(右脚跳两下)，并前(双脚合并，向前跳一下)，并后(双脚合并，向后跳一下)，开前(两脚开立，向前跳一下)，开后(两脚开立，向后跳一下)，等等。

注意事项：

1. 辅导教师事先应将口令与动作练习几次，以体会学生完成动作的节奏感与协调性。
2. 音乐的选择要注意节奏强烈，但其节拍的速度要控制在学生能够"合拍"的范围之内。

技术 13　一元五角

技术目的： 用于分组，并激活团体气氛。

技术准备：

1. 制作代币卡片，每张卡片上写着"一元"或"五角"，数量上应该是"五角"居多。
2. 音乐磁带。
3. 教室里撤去课桌，只留椅子。

操作流程：

1. 教师播放音乐，学生在教室里随便走动。
2. 教师下达口令："两元""三元五角""一元五角"，等等。学生立即按照规定的钱款数额，手持代币卡片寻找伙伴，凑齐数额，不能多也不能少。凑齐后立即围成一圈，并且手拉手。而"落单者"则只好等待下一轮口令时再抓机会组合。
3. 如此活动几轮后，辅导教师可视各小组人数较为合理时，结束活动。

注意事项：

1. 此活动的变式是：男生为"一元"，女生为"五角"；也可以再反过来，做二次变式，即女生为"一元",男生为"五角"。

2. 此活动也可以用在团体转换阶段,作为提出问题的游戏。若是转换阶段的活动,则可以提出以下问题分组讨论。

(1) 当你能找到伙伴并拉起他们的手时,你的感受是什么?
(2) 当你找不到伙伴或者被别人拒绝时,你的感受是什么?
(3) 当你看到有人"落单"时,你的感受是什么?
(4) 日常生活中你有没有遇到类似的境遇呢?你是怎样对待的?

技术 14　雨点变奏曲

技术目的:感受团体气氛,激活团体动力。

操作流程:

1. 让学生利用身体的任何部分碰撞发出两种以上的声音(会发现学生发出各种各样的声音,场面一片混乱)。

2. 让所有的学生用最擅长的方式(不许用口)发出声音(这时会发现学生已经形成几个主流的声音,如鼓掌)。

3. 辅导教师引导大家渐渐形成四种声音发出的方式:手指互相敲击;两手轮拍大腿;大力鼓掌;跺脚。

4. 问学生如何将我们发出的声音变成有节奏的声音呢?是不是可以利用一种自然界的现象来使我们发出的声音变得美妙动听?想象一下,我们发出的声音和下雨会不会有许多相似的地方。

(1) "小雨"——手指互相敲击。
(2) "中雨"——两手轮拍大腿。
(3) "大雨"——大力鼓掌。
(4) "暴雨"——跺脚。

5. 教师说:"让我们用声音来描绘一曲《雨点变奏曲》。现在开始下小雨,小雨变成中雨,中雨变成大雨,大雨变成暴雨,暴雨变成大雨,大雨变成中雨,又渐渐变成小雨……"

注意事项:辅导教师应注意引导并控制场面,使其热烈而不混乱。

技术 15　爱的鼓励

技术目的:营造活跃的团体气氛。

操作流程:

1. 请每个学生站起来并张开双臂,保持水平(人与人之间空出大约一臂的距离)。
2. 请全体学生迅速拍手,然后再张开双臂。
3. 把这两个动作连续做十次,动作要快。
4. 得出结论,告诉全体学生,相信大家确实感觉良好,因为在这热烈的掌声中我们感受到了每一个人快乐的心声、感受到一种爱的鼓励。

5. 教师可以和学生约定：以后我们每一次心理辅导课在开始和结束时，都让我们大家给自己一次爱的鼓励吧！

注意事项：教师语气、语调和表情都应充满快乐的激情。

二、语言类团体技术示例

技术 1　可怜的小猫

技术目的：活跃团体气氛，降低防备心理。

操作流程：

1. 各小组(6~8人为宜)围坐成圈，一人当"小猫"站在中间。

2. "小猫"走到任何一人面前，蹲下学猫叫，面对者要用手抚摸"小猫"的头，并说："哦！可怜的小猫。"但是绝不能笑，一笑就算输，要换其当"小猫"。

3. 若抚摸者不笑，则"小猫"要叫第二次；仍不笑，再叫第三次；再不笑，就得离开找别人。

注意事项：

1. 扮"小猫"者可以装模作样，以逗对方笑。

2. 此活动很容易引起欢笑，使气氛立即活跃起来，此时，辅导教师应及时叫停。

技术 2　青蛙跳水

技术目的：活跃团体气氛，降低防备心理。

操作流程：

1. 8~10人一组，各组围坐成圈。

2. 每小组由一名主持人开始说："一只青蛙——"第二人："一张嘴！"第三人："两只眼睛——"第四人："四条腿！"第五人："扑通一声——"第六人："跳下水！"

3. 下一个人紧接："两只青蛙——"再下一个人："两张嘴！"再下一个人："四只眼睛——"再下一个人："八条腿！"再下一个人："扑通扑通——"再下一个人："跳下水！"……如此继续将数字叠加上去，直至某一成员出错，再从头开始。

注意事项：

1. 这本是喝酒的时候，用筷子击碗的游戏。看似简单，但玩的时候，要越说越快，结果往往是说成"二条嘴""四张腿"的笑话。

2. 分组人数不能是6或12，否则容易重复同一句式，以致"熟能生巧"，不易出错。

技术 3　开火车

技术目的：激活团体动力，打消拘谨气氛。

操作流程：

1. 将全班分为6~8人小组，以小组为单位进行游戏。

2. 在开始之前，小组内每个人说出一个地名，代表自己，但是地名不能重复。

3. 游戏开始后，假设甲来自北京，而另一个人乙来自上海，甲就要说："开呀开呀开火车，北京的火车就要开。"全组同学一起问："往哪开？"甲说："往上海开。"那代表上海的乙就要快速反应，接着说："上海的火车就要开。"然后大家一起问："往哪开？"再由乙选择另外的游戏对象，说："往某某地方开。"如果对方稍有迟疑，没有反应过来就算输了。输者应受罚，例如可以学猫叫。

4. 上述游戏结束后，可进行游戏的变式：以小组为单位，每一个小组代表一个地名，以小组为单位集体应答，输的小组集体受罚，则气氛会更加活跃。

注意事项：

1. 各小组应关注本组游戏，不要相互干扰。

2. 输者受罚，应以活跃气氛为目的，不能伤害受罚者的自尊。

技术4 星座物语

技术目的： 用于新的班集体成员之间的相互熟悉。一个学生属于什么星座，星座相同的人是否会有相同的性格，这些虽然属于娱乐，却可以让初次见面的学生拉近距离。

技术准备： 印有星座的挂图和一些相关资料。

操作流程：

1. 将12星相图挂在教室的四面墙上，让该星座的人全部围坐到该图的下面，给大家10分钟时间，让每一个星座的人在其内部进行讨论。

讨论内容： 自我介绍，介绍他们各自与星座相关的特点。

2. 挑选几个小组，让其报告一下他们的发现。

注意事项： 为了让全体学生都能参与活动，教师事先应简单地介绍星座的有关常识。

技术5 言不由衷

技术目的： 通过活动活跃现场气氛，同时考验学生的反应能力。

操作流程：

1. 此游戏是用"是""不是"回答的游戏。但回答必须要言不由衷、颠倒事实。

2. 如对一位男生说："你长穿裙子？"男生必须回答："是。"

3. 指定一个人当"鬼"，由"鬼"依次对小组成员发问，答错的人就换替当"鬼"。

4. 如果对每个人各问两个问题，则会相当有趣。

注意事项：

1. 当"鬼"的学生必需反应快，机智而有分寸，用词得当。

2. 不能提出有伤对方自尊的问题。

3. 男女混合编组可以防止过度调侃。

技术 6　初次见面

技术目的： 消除新班级成员之间的陌生感。

技术准备： 活动前将每个学生的姓名牌收上来，如果学校还未将姓名牌发到学生手里，则可以让每位学生自己做一个规格一致的姓名牌，活动前也收上来。

操作流程：

1. 将全班的姓名牌随机发到每一个学生手中，如果有人领到了自己的姓名牌，就立即与别人交换一下。

2. 要求所有学生在 1 分钟之内找到姓名牌上的同学，相互说一句"初次见面，请多关照"，然后相互做自我介绍。

注意事项： 整个活动控制在 5 分钟左右。

技术 7　模拟采访

技术目的： 帮助学生更好地了解彼此的背景，学会在最短的时间内将对方的闪光点抓住，这有助于新生之间的沟通和交流。

操作流程：

1. 将学生分成 4 人一组，再两两自由组合。但是每小组的 2 个人必须是来自不同的背景，相互之间互不相识的。

2. 每小组中一人充当记者，另一个人充当被采访者，采访的内容和形式自由决定。时间为 2 分钟，但是注意不要涉及隐私问题等。

3. 小记者在 2 分钟内尽量获取被采访者的信息，然后互相调换角色，再进行一次采访。

4. 在所有的采访进行完毕之后，要求每位学生将采访的信息在 4 人小组内做一次 1 分钟的演讲，将你的搭档的信息介绍给大家，可以让大家在最后评判出最好的陈述。

注意事项： 辅导教师要注意控制时间。

第三节　团体转换阶段操作技术

团体转换阶段肩负着重要任务，这是一个创设情境，提出问题，激发成员进行自我探索，逐步促进团体动力的过渡阶段。在这一阶段使用的主要是转换技术。

此阶段的主要任务是要完成问题的呈现和表达，选用技术时一定要考虑是为团体目标服务，同时还要考虑到时间、场地、成员等方面的匹配，并围绕目标进行合理设置，以确保团体效能的最大化。

下面介绍一些团体转换阶段广泛使用的技术，主要包括案例类、表演类、音像类、游戏类技术，供大家参考。

一、案例类团体技术示例

技术　天亮了

技术目的： 通过典型案例营造亲情氛围，引发学生内心强烈的震撼和思考，为深入探讨"父母之爱"奠定情感基础。

操作流程：

1. 介绍歌曲《天亮了》的由来

辅导教师：同学们，不知道你们是否听过一个故事——1999年10月3日，在贵州马岭河风景区，正在运行的缆车突然坠毁，有24名游客不幸遇难。然而就在悲剧发生的一刹那，一对年轻的夫妇用双手托起了自己两岁半的儿子，结果儿子得救了，这对夫妇却失去了年轻的生命。

这个被媒体称为"伟大的父母之爱"的故事传遍了大江南北，也深深地震撼了歌手韩红，她不仅认这个大难不死的小孩为"儿子"，还以此为题材创作了一首催人泪下的歌曲《天亮了》。现在，请同学们闭上眼睛，体会一下歌中所表达的感情。

2. 模拟情景，播放歌曲Flash《天亮了》。

3. 分组讨论：假设现在你和妈妈就坐在这个缆车上，灭顶之灾就要降临在你们身上，你和妈妈只能有一个人活下来，你和妈妈会有怎样的表现？最后的结局将会怎样？

注意事项： 这一活动重在催化情感，倾听学生内心的感受，营造一种凝重的团体气氛，教师不必忙于抒发自己的感想，也不要将自己的价值观一股脑儿地灌输给学生。例如，下面这样的说教就显然不恰当。

"同学们，你们能听出这首歌所要表达的意思吗？是的，它就是在赞美这世间最博大、最无私的父母之爱。他们不会因为你的一点过失就不再爱你。我们是否也不应该因为对他们的一些误会而否认了他们的爱呢？正如太阳也有黑子，但这并不能抹杀它哺育万物的功劳。生活中每个人都会有错，可世界毕竟充满爱。"

二、表演类团体技术示例

技术　"我能行"与"我不行"

技术目的： 形象地展示一些小学生缺乏自信的具体想法，引起学生的自我反思。

操作流程：

1. 辅导老师引言：有一个小朋友觉得自己做什么事都能行，另一个小朋友却觉得自己做什么事都不行，有一天他们碰到了一起，请看角色扮演《"我能行"与"我不行"》。

2. 角色扮演《"我能行"与"我不行"》：

我能行：小朋友们，你们好，我的名字叫"我能行"！

我不行：小朋友们，你们好，我的名字叫"我不行"。

我能行：我是一个能干的小朋友，我朗读课文可棒了，经常得到同学的称赞；我会帮爸爸妈妈做家务，我会照顾邻居家的小弟弟；我还很喜欢旅游、爬山、游泳，样样都难不倒我。

我不行：我什么都干不好，做事总是不会成功。写作业时，老是会有错误；帮妈妈洗碗时还一不小心打破一只碗，被妈妈批评了一顿，真不高兴；本来唱歌是最拿手的，可一到了台上，心里就紧张，连歌词都忘了……唉，我这人，做什么都不行！

我能行：其实我也有遇到困难的时候，但我总是想，我肯定行，我准能做好这件事！有时候，虽然事情并没有做得很成功，但我想，我已经认真去做了，已经是尽了自己最大的努力，所以我仍旧很高兴。(蹦蹦跳跳地下场)

我不行：有时候，我也会得到大家的赞扬，但那又有什么用呢？比我做得好的人多的是呢！(垂头丧气地下场)

3. 小组讨论、交流：同学们，这两个小朋友，你遇到过吗？你觉得自己有些像谁呢？

注意事项： 角色扮演时要注意学生的年龄特点，尽可能生动有趣。比如可以用卡通画做两个头饰，一个愁眉苦脸，上书"我不行"；另一个充满自信，上书"我能行"。

三、音像类团体技术示例

技术　他像我的好朋友吗？

技术目的： 帮助学生感知倾听的正确方式，了解倾听在人际交往中的重要作用。

技术准备： 提前制作校园心理剧《他像我的好朋友吗？》的录像片。

操作流程：

1. 老师引言：我们先看一个校园心理剧《他像我的好朋友吗？》。请大家在观看短剧时，要仔细观察剧中主人公的两个好朋友在倾听主人公讲述他的遭遇时所表现出的不同的倾听态度和倾听行为，特别要注意他们的眼神、表情、动作、身体姿势以及他们给予的回应。

2. 播放校园心理剧《他像我的好朋友吗？》，短剧内容梗概如下：一天下午，小石在课外活动中与同学打篮球，扭伤了脚，心里很懊恼。他一瘸一拐地回到教室后，看到了他的好朋友小焦，小石对他说起关于自己受伤的事情，想让好朋友安慰一下自己。而小焦却一会儿转笔、抖脚，一会儿低头看书，一会儿与别的同学打招呼，总是心不在焉似的。小石对小焦的这种态度很失望。在放学回家的路上，小石遇到了小韩，小韩赶紧走过来扶着他。于是小石就对小韩说起关于自己受伤的话题，说起打球时对方前卫是如何把自己撞倒在地的，自己心里又如何感到窝火等。小韩认真地倾听小石的讲述，并不时地拍拍他的肩膀，说着安慰的话语。

3. 播放录像之后，请学生填写表 5-1 内容进行分组讨论：如果你是剧中的主人公，你更喜欢与哪个同学成为好朋友？为什么？

表 5-1　人物表明

朋友倾听表现	小焦	小韩
态度		
语气		
眼神		
动作		
身体姿势		

4. 老师小结：通过短剧，我们不难看出倾听的重要性。认真倾听，才是成熟的人最基本的素质，也是为你赢得好人缘的重要条件。

四、游戏类团体技术示例

技术 1　采蘑菇

技术目的： 形象地为小学生提出情绪的话题。

技术准备：

1. 事先制作彩色蘑菇的图片数十个每张图片上写上不同的情绪(情绪类型可以重复)，贴在教室四周。

2. 准备音乐磁带《采蘑菇的小姑娘》。

操作流程：

1. 老师说明游戏规则：在每一个蘑菇上，都写着表示我们小朋友情绪的词语，如：高兴、愤怒、伤心、喜悦、苦闷、激动、沮丧等。请同学们采摘符合自己这一周里情绪状态的蘑菇，然后回到自己小组里。

2. 学生在《采蘑菇的小姑娘》的乐曲声中采摘"情绪蘑菇"。

3. 分组说说：自己为什么要采这几朵蘑菇？最近这一周发生了什么事情，才使你有这些情绪？

注意事项：

1. 该游戏适合四五年级的学生实施。

2. 小学生的情绪是经常变化的，因此，在回顾自己的情绪状态时，要限定在最近一周的时间内，避免泛泛而谈。

技术 2　抢凳子

技术目的： 通过游戏使学生体验自己情绪的变化，以便为下一步的情绪辅导奠定基础。

操作流程：

1. 老师说明游戏规则：全班选出 16 人，分为 2 组，每组 8 人，一个组为红队，另一个组为蓝队，(各佩戴红蓝记号)交错站立，围成一个圈，圈中为 15 张凳子。在音乐声中参赛者绕着圈子走动，音乐停止时，立即抢凳子坐下，未抢到凳子者被淘汰，同时撤去一张凳子。然后依此重复进行，最后抢到凳子的小队获胜。大家对规则无疑义之后即开始活动。

2. 游戏结束，老师宣布比赛结果，请一位同学扮演"小记者"采访。

采访"做游戏者"的问题如下。

(1) 当你被推选为参赛选手时，你的心情怎样？

(2) 在游戏过程中，你的心情怎样？

(3) 在游戏结束时，你的心情又怎样？

(4) 在你所在的队取得了胜利或遭到失败时，你又有什么感受？

采访"旁观者"的问题如下。

(1) 在观看游戏的整个过程中，你的心情是怎样的？

(2) 面对比赛结果，你又有什么感受？

3. 老师小结：刚才同学们在游戏中表现得很好，从游戏中我们知道了一个人的情绪是多变的，有时失望，有时高兴，有时生气，有时喜悦，它如同天上的彩虹焕发着七彩的光芒。

技术3　自我比拟

技术目的： 促进学生自我认识，并帮助学生之间相互了解。

技术准备： 准备一面鼓，7朵红绸花；事先选定一名学生为游戏的击鼓者。

操作流程：

1. 每个学生用一样东西(动物、植物、矿物或自然现象)来比拟自己。要求：

(1) 有"我好像……因为……"这样的句式，每人至少要想出3个比拟句。

(2) 比拟的事物能代表自己个性中的某一方面或几方面。例如：牛：健壮、吃苦耐劳；小草：平凡、自由自在；响雷：声音洪亮、脾气暴躁……

(3) 比拟应该是积极的，要防止消极的、庸俗的或不恰当的比拟。

2. 全班分为8人小组，每组围坐成一圈。以击鼓传花的方式决定发言者，同学相互击掌，高喊"嗨！""嗨嗨！"，然后继续击鼓传花。

注意事项： 事先应创设良好的团体氛围，防止出现调侃、搞笑等行为。

技术4　各行其是

技术目的： 引导学生亲身体验"单向交流"和"双向交流"两种交流方式的利弊，引导他们思考如何有效地利用这两种人际交流方式。

技术准备： 全班学生每人两张8开白纸。

操作流程：

1. 发给每位学生一张8开白纸。然后，辅导教师发出指令："请大家闭上眼睛，全过程不许睁开眼睛，也不许发问——将纸对折——再对折——把左上角撕下来——将纸旋转180

度——再把右下角撕下来——睁开眼睛——把纸打开。"

2. 小组交流。

(1) 你们发现了什么(学生们会发现,他们撕出来的纸的形状五花八门)?

(2) 为什么会有这样千差万别的形状?

3. 辅导教师请一位学生上台。辅导教师重复上述指令,只是这位学生可以提问。

4. 再发给每位学生一张8开白纸,全班学生重复上述游戏,同样允许学生向老师提问,但是不能睁开眼睛。

5. 为什么允许双向交流后还存在误差?你从中得到什么启示?

注意事项:活动过程中必须强调闭眼,必要时可发给学生每人一个简易眼罩。

技术5　穿越雷区

技术目的:使学生在亲身体验中懂得互相信任、互相协作的重要性,以增强团队合作精神。

技术准备:纸杯若干,眼罩若干;教室里的课桌要撤到外面。

操作流程:

1. 将全班分成6~8人小组。

2. 用纸杯在游戏区内设置很多障碍,在游戏场地的中间有一个用3个杯子垒成的杯塔(底部的杯子正放,第二个倒放,第三个杯子盛水放在第二个杯子上)。

3. 每组选出一个指挥员站在雷区的这一面,他的任务就是指导其他被蒙上眼睛的组员跨过雷区。

4. 每次只能有一个人通过雷区,碰到杯塔者为"阵亡",退出游戏。通过雷区人数最多的小组获胜。

5. 通过雷区的组员可以摘下眼罩,在一旁指导,但尚未参加游戏的组员的眼罩不能摘下。

6. 讨论:

(1) 你们在游戏的过程中,指挥员是如何同蒙着眼睛的组员进行交流的呢?有什么办法可以改进你们的沟通吗?

(2) 在现实生活中,班干部与普通同学之间在完成某一项任务的过程中,是否也有沟通不畅、协调不佳的现象?请举例说明,并讨论解决的办法。

注意事项:游戏过程中要做好组织工作,防止出现无序现象。

技术6　分享时刻

技术目的:引导学生向他人讲出赞美之辞,用语言与他人分享良好品质。

操作流程:

1. 教师说明游戏规则,强调每一个人都渴望他人的认同和赞扬。

2. 两人一组,让每一位学生都给他的搭档以下几方面评价。
(1) 长相方面特别漂亮的地方。
(2) 一个或两个特别令人欣赏的性格特征。
(3) 一个或两个特别的才能。
3. 每位被赞扬的同学都要仔细记录下自己的感受、想法和反应。
4. 分享:
(1) 为什么对我们大多数人来说,给予他人赞扬是困难的?
(2) 为什么人们总是会很快给负面评价,而正面赞扬却少之又少?
(3) 今天听了你的同学由衷赞扬你的话,你的内心有何感受?

注意事项: 事先要有良好的团体氛围,赞扬必须是真诚而实事求是的,防止不负责任的调侃。

技术 7 了解父母

技术目的: 加深对自己父母的了解,感受父母的养育之恩。
技术准备: 歌曲《感恩的心》,每个同学一份《我所了解的父母》的问卷。
操作流程:

1. 填写表 5-2 所示:给学生 5 分钟时间,让学生填写下面的空白处(播放背景音乐《感恩的心》)。

表 5-2 父母的喜好

喜好	爸爸	妈妈
生日		
最喜欢的食品		
所穿鞋子的尺码		
的兴趣爱好		
年轻时的理想		
最得意的一件事		
最后悔的一件事		
最大的优点		
对我的期望		

2. 学生填完后,让一部分同学站起来分享他(她)对父母的了解。

注意事项:

1. 如果有条件的话,最好找几个学生家长亲临现场,和自己的子女互动,效果可能会好一些。

2. 在游戏分享的时候,一定要向学生说明要本着真诚认真的态度。有的同学不知道父母的生日,又害怕同座或周围的同学看不起自己,就随便填一个生日数字。对于有些问题,个别学生觉得是自己家的隐私，不愿意回答，此时教师就不要强求学生回答。

技术8　同心协力

技术目的：增进学生互助合作的情操与乐于助人的秉性，感受合作的快乐，加深对团体和他人的信任。

操作流程：

1. 将全班分成若干小组。

2. 辅导教师可选择下列方式之一来练习和体验彼此的信任与合作。

(1) 让某个学生被大家扶持、高举或推转。

(2) 盲人走路，跛子在其背上指挥。

(3) 合作性质的游戏或竞赛，例如：搭桥、三组赛跑。

3. 讨论刚才的经验与感受。

技术9　叠棋子

技术目的：探索个人与团体的成就动机与决定目标的过程，感受失败与成功的体验。

技术准备：将全班分为4人小组，各选一名组长。每小组准备两盒象棋，棋子大小要适中，太大或太小均不合适。

操作流程：

1. 各小组将所有的棋子放在桌子上，让每个成员猜他们自己能叠起几个棋子而不会倒下来。

2. 让每个同学轮流去叠棋子，自己在心里计算实际叠的数目和先前预计的差距有多少。

3. 组长接着要把棋子推倒，然后宣布再来一次。不过这一次要组员大声说出自己预计的数目并记在纸上，谁叠棋子的层数高，而且成功的话，作为本组优胜者。如果有相同成绩的还要再比一次。

4. 各组优胜者在全班面前进行决赛。

5. 比赛结果揭晓后，颁发奖品。

6. 小组讨论：

(1) 你觉得自己刚才制定的目标与你的实际水平相符吗？

(2) 你的目标达成或未达成时，自己的感受是怎样的？

(3) 从游戏中你得到了什么启示？

注意事项：每组2盒棋子是为了提高难度，增加游戏的挑战性。

技术10　传球

技术目的：体会合作精神与创造精神。

操作流程：

1. 将全班划分成4~5个小组，全班围成一个大圆圈，一个组的成员必须在一起，不能错开。

2. 将一个小球交给第一组第一名队员，要求小球必须传给每一个人，不能落地，并规定在 30 秒的时间内传完 5 圈。

3. 当规定时间到了，若没完成 5 圈，则小球在哪组队员手中，该组全体就受罚(俯卧撑等)。

4. 游戏进行第二轮、第三轮，直到有人想出办法传完 5 圈为止。

5. 分享：从这个游戏中你有什么感悟？

注意事项：开始后，第一轮他们发现要在这么短的时间传完 5 圈是不可能的，于是在第二轮中，有的小组可能会故意放慢节奏"陷害"其他组。这时候辅导教师要加以引导，让他们发现"陷害"其他队并不可取，因为这是随机的；唯一能做的，就是共同努力创造记录。如此，最终会有人想到：大家把手伸出形成平面，让球在上面滚过去。有的学生可能因受罚而产生情绪，认为不公平。所以每轮应该从不同的起点开始，并在开始前打好预防针。

技术 11 解开千千结

技术目的：

1. 引导学生领悟：不管事情多么复杂，总有解决的办法。

2. 使学生体会到：当一个环节出现问题时，可以从全局的角度出发去解决它。

操作流程：

1. 每组 8~16 人，让每个小组围成一圈。

2. 请大家按辅导教师的指示做：看清你的左手和右手边上是谁，确认之后松手，在音乐声中自由走动。当辅导教师叫"停"时，原地不动，伸手去拉住你原来左右手两边的伙伴，从而形成许多交互错杂的"手结"。

3. 现在要求不能松手，但可以钻、跨、绕、转。请大家想想办法，如何恢复到起始状态。

4. 变式：将你的左右手放在胸前交叉，握住身边两个人的左右手。在不松手的情况下，组成手拉手的圆。

5. 相关讨论：

(1) 在开始时，你们是否觉得思路混乱？

(2) 当解开一点后，你们的想法是否发生改变？

(3) 在这个过程中你们学到了什么？

注意事项：要强调最重要的规则是不允许松开手，否则算犯规。

技术 12 众志成城

技术目的：体会团队中合作与思考的重要性。

技术准备：报纸数张。

操作流程：

1. 将全班分成几组，每组约 10 人。

2. 辅导教师分别在不同的角落(依组数而定)的地上铺张全开的报纸，请各组成员均站在报纸上，选用合理的方式，就是不可以脚踏报纸之外。

3. 各组完成后，将报纸对折，再请各组成员站在报纸上。若成功，则再将报纸对折，让全组再尝试站立。某组若有成员被挤出报纸外，则该组被淘汰，不得再参加下一回合。

4. 此游戏淘汰到最后一组结束，注意时间不要过长。

5. 分享：请各位成员围坐成一圈，讨论刚才的过程并分享心得。

注意事项：

1. 注意成员活动时的安全，身上的金属及其他尖锐物品均应取下。

2. 考虑异性学生一起参与的可能性，必要时可以男女分组进行。

技术 13　双臂交叉与十指交叉

技术目的：体会人们与生俱来的对变化或被改变的抗拒心理。

操作流程：

1. 请每个学生快速地将双臂在胸前交叉，然后看一看自己到底是哪只手臂在上。

2. 让他们立即放下手臂，重新交叉。但是刚才左手在上的改成右手在上，右手在上的改成左手在上。

3. 请学生快速地将十指交叉，然后看看自己到底是右手拇指在上还是左手拇指在上。

4. 让学生松开手，再立即将十指交叉，但这一次要把原来在上面的左手拇指改为右手拇指，而原来在上面的右手拇指改为左手拇指。

5. 小组讨论：你觉得改变自己的习惯容易吗？从中你领悟到了什么道理？

6. 教师归纳：

(1) 如果人们改变了早已养成的习惯姿势，会感到不舒服。

(2) 很多时候，人并不是不喜欢改变，而是不习惯改变。

(3) 如果只是这么小小的姿势改变都可能引起一些内在的抗拒心理，那么身体甚或思想意识方面的变化会带来更大的反弹情绪，这些情况是不是常常发生在我们身上呢？

注意事项：教师的归纳应尽量在学生感悟的基础上得出，点到为止。

技术 14　坐地起身

技术目的：体验合作的重要性。

操作流程：

1. 首先要求 4 个人一组，围成一圈，背对背地坐在地上。(正常情况下，一个坐在地上的人，是必须扶着物才能站起来。)

2. 4人胳膊挎胳膊，然后要让他们一同站起来。

3. 将4人小组变为8人小组，重复游戏。

4. 将8人小组合并为16人小组，重复游戏。

5. 分享：谈谈你在游戏中感悟到了什么。

注意事项： 根据具体情况可以让男女生分开做游戏，以打消拘谨心理。

技术15　不能没有母亲

技术目的： 体验亲情，感受母爱。

操作流程：

1. 学生写下自己认为对自己一生最重要的五项内容，可以是人，也可以是物，但其中必须包括"我"和"母亲"。

2. 学生写完后，辅导教师指导学生完成下面的活动。

（1）指导语：现在请你忍痛割爱，五项内容中只能保留四项。请你慎重考虑，从五项内容中去掉一项，去掉的这一项要用笔划去。注意，一旦划去，就意味着它从你的生活中消失了。划去之前，你要不断回忆它在平日里给你带来的欢乐。可现在，它就要消失了，想到这些，你会很难过，但你还是要坚决地把它划去。

（2）依次类推，让学生一项项地划去所写内容。当大多数学生只留下"我"与"母亲"时，教师要继续激化矛盾：现在，你和妈妈就坐在船上，遇到了海上风暴，灭顶之灾就要降临在你身上，你和妈妈只有一人能活下来，你该怎么办？请你在一两分钟内作出选择(同时播放《世上只有妈妈好》，以渲染气氛)。此时，学生已经完全沉浸在教师所设计的情境中，面对两难选择，情绪很激动，迟迟不能作出决定。

3. 教师不用逼迫学生一定要作出选择，而是适时地将学生从虚设的情境中拉回来，让学生交流一下刚才的真实感受。

（1）你为什么迟迟不能下狠心作最后的抉择？

（2）刚才的那一刻里，你想到了什么？

注意事项： 活动进行过程中，有些学生会情绪失控，失声痛哭。此时辅导教师要把握好现场的秩序，及时地将学生的注意力引导到问题的讨论上来。

第四节　团体工作阶段操作技术

团体辅导课进入团体工作期间，辅导的主要任务是进一步激活团体动力，提高团体内部的凝聚力，充分利用团体这面镜子，通过以点带面、以面带点和点面结合的方式对成员的问题进行呈现、表达和转换，通过教师和团体成员合理地干预、分享和强化，让团体的每一个成员都有所感悟和成长。体验式团体工作技术可分为艺术类团体技术、语言类团体技术和工具类团体技术。

一、艺术类团体技术示例

技术 1　我的心里只有你没有他

技术理念： 运用镜子技术，通过对别人的观察及别人对自己的观察，形成互动。在互动中了解他人，形成良性互动。积极发现自身与他人的关系，特别是分别在与喜欢和不喜欢的人相处中，发现并改善自身问题。同时还可以起到促进团队成员间关系。

技术目的： 增强个人交往的主动性，促进友谊；认识自我，改善自我。

操作流程： 教师布置任务，每个人充当一面"镜子"去帮助别人，发现别人的优势，在两天中，归纳每位成员的行为，给每一个人写一段评估。

模拟表格：

表 5-3　对他人评估表

姓名	最值得我学习的	过去对他影响最大的	未来要注意的	我愿意和他进一步发展的
A 君				
B 君				
C 君				

注意事项： 在观察过程中，团队成员要做到真实、客观、用心、不攻击。

技术 2　同台献艺

技术理念： 通过让团队成员根据身边发生的事情，自编自导自演一出社会心理剧，反映社会现实。在这过程中，增强团队凝聚力，提高成员间的协作能力，并且提高个人对身边事物的感受能力，促进个人体验。具有代表性的心理剧会反映出问题的普遍性。

技术目的： 增强团队凝聚力，提高协作能力，促进个人体验。

操作流程：

1. 团体老师布置任务。每一组的成员在限定时间内，根据主题要求，共同参与进行剧本创作，排演一出具有社会代表性的心理剧。
2. 主题。(三选一)家庭关系、青少年成长、人际关系。
3. 团队成员排练及演出
4. 团队成员之间分享感受

技术 3　我是照相机

技术理念： 随着个人在社会中的磨炼，不少人失去了理解自己内心情感变化的能力，缺乏对周围环境的捕捉能力。通过把自己想象成一部照相机，通过捕捉身边情境、自己内心变化、与他人互动关系的三幅画面，将之进行加工，分析；来提高个人对身边环境的互动能力，提高个人的感悟能力；提高个人的交往能力。

技术目的：提高个人感受力；提高交往能力。

操作流程：

1. 团体老师布置任务：把自己的双眼想象成照相机的镜头，照出三幅图画：个人所处的环境、内心的感受、和现场某一个人的互动关系。
2. 团队成员描述出图画，分享感受。
3. 通过反复捕捉，提高感受能力。

二、语言类团体技术示例

技术1 人生五味茶

技术理念：人的感觉和感受是相通的。以水的不同味道引喻出生活的不同滋味，以味觉的感受引出个体对内心感受的感知，使个体能自然而然地表达出对某件事情的内心感受。

技术目的：通过品尝不同味道的茶，道出不同的生活感受。

操作流程：

1. 准备多杯放了不同调料调味的水，里面有酸、甜、苦、辣、麻等味道。每杯的外观都一样。
2. 让每位成员自己挑选一杯，然后品尝自己选中的水，慢慢回忆自己过去的哪一段经历跟它有着同样的感觉。

注意事项：这个技术需要教师的综合能力，包括引导能力、促动能力、连接能力和危机干预能力；同时，当团体成员暴露出创伤时，要及时处理，采取危机干预。

技术2 我需要你

技术理念：根据团体动力学，团体成员之间是可以通过互助的方式来取得个人及团体的成长的。这个技术主要通过需要帮助的成员的呼喊，引起其他成员的注意和帮助，从而体现团体成员间的互相需要和帮助，增强团体凝聚力。

技术目的：通过团队成员的主动要求帮助和其他成员的帮助，从而达到成员间的自主互助，增强团体凝聚力，促进团体成员及团体的成长。

操作流程：

1. 把成员安排成两组，A组是需要帮助的人，B组是帮助别人的人。A组的人数要少于或等于B组的人数。
2. 在场地的中间安排一圈座位给A组的人，他们都面朝圈外。帮A组的人蒙上眼睛。
3. 活动开始后，B组的人就在圈外慢慢地绕圈走动，等A组的人提出需要帮助的要求，当认为自己可以提供帮助时，就走过去进行帮助。A组的人就各自大声说"我需要你"，然后说出自己想要解决的问题，不断重复，直至有人走过来帮其解决问题。
4. 活动进行时，B组的人帮助A组的人解决问题。B组的人解决之后，可以继续地绕圈，帮助其他人；A 组的人在规定的时间之内，还可以提出其他的帮助要求。

5. 活动结束后，导师让 A 组的人解下蒙眼布，带领众人分享活动感受。

技术 3　小小幼稚园

技术理念： 刚出生的婴儿通过哭闹来表达自己对母爱和物质的需要，6 岁以下的幼儿也会通过不同的方式，来表达对食物、玩具和别人的爱的需要。然而，当我们长大成人后，人与人之间的关系变得复杂，人们不再以真挚的自我出现在别人面前，而是戴上了一个面具。通过在小小幼稚园中扮演 0~6 岁的小朋友，让成年人蜕回到过去，感受小朋友间的真挚友情，促进自己再一次成长。

技术目的： 通过扮演幼稚园中的小朋友，感受小朋友间的真挚友情，促进自己再一次成长。

操作流程：

1. 每位成员为自己在 0~6 岁确定一个具体的年龄，并按这一年龄的特性把它表现出来，成员之间可以互动，互动时间为 20 分钟左右。

2. 互动结束后，教师引领成员分享感受。

技术 4　你的心事我知道

技术理念： 成员通过替身描述技术，把另外一个成员的想法表达出来，达到成员间互助、换位思考、描述技术演练等多种效果。

技术目的： 促使成员达到成员间互助、换位思考、描述技术演练等多种效果。

操作流程：

1. 教师先找两位成员出来作为主角，面对面坐着。

2. 再找另外两位成员分别充当这两位成员的替身。替身坐在主角的旁边。

3. 请两位主角对话几分钟。再请替身分别描述出在对话过程中主角的心情。最后，主角反馈替身有否表达出他们的心情，并作出相应的澄清。

注意事项： 除了单独练习以外，有时还可以在成员之间出现矛盾冲突时，让替身描述，既能帮所替成员找到支持点，也利于化解成员间的冲突现象。

技术 5　痛苦大 PK

技术理念： 体现心理学家亚隆团体心理治疗当中的"普遍性"疗效因子。通过成员把自己过往的不愉快经历列举出来，一方面体现成员问题的普遍性，另一方面让成员不良情绪得以宣泄。

技术目的： 通过成员间相互列举过去的不愉快经历进行比拼，成员宣泄出不良情绪，了解到自己的问题具有普遍性，不再为自己的问题感到孤立无助。

操作流程：

1. 用一个小黑板列出一个表格，每个人讲出自己在过去的一段不愉快的经历，看谁说出最多的事件。

2. 教师带领大家分享比拼过程中的感受。

注意事项： 教师要引领成员感受出自己的问题具有普遍性，消除他们原先觉得自己的问题独一无二、难以解决的想法。

技术6 心灵感应大循环

技术理念： 这是笔者在为一家企业的销售精英做团体的时候，所制造的一个团体技术，这个团体技术同时也被作者运用在小组治疗中。任何一个人都会有人际关系，也会在人际关系中工作和生活。当然作为销售精英，你会发现当你和一个你不喜欢的人谈你的产品和思想的时候，效果大受影响，这是为什么呢？假如这个人是你的团队合作者，你又不能避免和他的接触，你该怎么办？你为什么站在某个人身边就感觉舒服？为什么有的人你看见他就觉得不自在？我们看到的是外在的表现，比如我不喜欢某个人，我就转过身去，其实这个过程中，是心理层面在活动，是心理内部有人际关系的不同感受才会导致外部的不同反应。我们需要改善这些，如果它影响了我们的工作和生活的话，最起码也要在不断了解之后再开始调整，因为我们需要不断排除阻碍后才能成为一个好的沟通高手的。

这个技术包括社会学的人际动力学原理和心理学的心理动力学原理，开发这个技术的时候，作者已经考虑到在不同的目标团体中的应用，可以根据不同的团体有特点进行修改，做到非常有针对性，这就是这个团队技术的魅力所在。

技术目标： 使成员了解自身人际关系模式、沟通效能盲区。提升人际能力全面发展；扫除人际关系能力盲区。使团队成员更了解、更紧密、更和谐。

操作流程： 这个技术包括三个环节，每个环节都有引导语言，以及独特的分享方式。

第一个环节

教师发言：

现在我们开始做一个心理游戏，大家围成一个圆圈，要保持每个人之间没有空隙，都要有身体的接触。然后我们选择一个人来作为自己的生活学习伙伴，你现在就可以在内心酝酿你将会选择谁，选择的对象一定要是我们这个团体的成员。当宣布开始的时候，全部人员一起用你的右手指向那个人。如果两个人都选择了对方，那你们就是选择成功的，可以离开这个圈子，先到旁边观看，但不能说话。然后开始进行，进行之后，没有选择成功的成员，继续围成一个圈子。

教师发言：

好的，让我们再一次选择，开始。成功的那些人像上次一样，离开圈子站在旁边观察，直到最后全部选择成功。

教师发言：

我们现在开始分享一个话题，这个话题是：我为什么会选择你？时间为3分钟，但不能跑题，要尽量让对方明白你为什么选择他。

第二个环节

教师发言：

刚才我们进行了第一个环节，我想大家也许能够感受到一些东西，那就让我们在最后的分享环节再说吧！现在让我们像开始一样再围成一个圆圈。然后让我们选择一个人来作为我们的工作伙伴，但不能选择刚才已经选择过的人。酝酿好了之后就可以开始了，1、2、3开始。

按照第一个环节的方式进行下面的部分，直到结束。

第三个环节

教师发言：

是不是在刚才两个环节中，我们内心已经有一些话要说，好的，那就等到我们最后分享的时候全部说出来。让我们现在来进行第三个环节，现在我们像开始一样围成一个圆圈。现在开始酝酿一个人，这个人是你能够和他说私人话题的人，但不能选择刚才已经选择过的人。现在开始。

按照上面两个环节的方式进行，直到全部完成。

教师发言：

现在是我们的分享环节，我们在生活中要和别人相处，在工作中也要和其他人打交道，但我们是否发现一个现象，我们在和一些人相处的时候，我们很开心，甚至当这个类型的人走近我们的时候，我们就已经感受到。但和另外类型的人相处却相反，一些人总是让我们感到不舒服，或者不能够深入交流。可是我们作为一个人，总是希望明天的自己比今天更优秀，我们的工作和生活总是要和各种类型的人打交道。所以安排了这个环节，让我们来体会一些东西，这是一个成长的过程。现在我们开始分享，分享的话题是"我在这三个环节中发现了什么"。

技术7　情绪自我故事技术

技术理念：在带领一些团体的时候，我发现无论你的团体目标是什么，在团体过程中你总是会涉及情绪话题。这是一个不能忽视的、非常重要的部分。我们要面对一个人探索个人情绪，提升这个方面能力的时候不是很困难，但要是带领一个团体，如何让所有的人都参与进来，而又能够深入呢？因为有很多涉及情绪问题的团体技术，要不就是不深入但氛围热烈，要不就是深入但氛围不热烈。

作者在团体实践中就根据这些现实问题，总结了一个比较能解决上述问题的团体技术。就是"情绪自我故事技术"，这其中涉及的理论有故事治疗原理、心理学情绪管理原理、场动力原理。其主要特点是：成员全部参与的程度高，对问题探索或者叫体验的深度高，在活动进行中热情的部分有，但又不影响问题往深入方向发展。该技术可以运用在许多不同大目标的团体中，也可以随时根据当下教师能力和现场需要调整。

技术目标：让所有参与的团体成员，陈述自我情绪特点，把过去或者未来情绪困惑在当前呈现出来；在互动中重新认知自我情绪状态，进行改善。

操作流程：

教师开场引导语：各位朋友，很荣幸和各位一起探索我们内心的情绪和情感的部分。我们知道很多时候，我们都不愿意把我们一些不好的情绪展现在别人面前，甚至连自己的眼睛都装作看不见。那么不愿意也好，看不见也好，是不是我们内心里那些不好的情绪就没有了呢？答案当然是否定的。那么都有哪些情绪是负面的、不好的情绪呢？那些情绪又是从哪里来的呢？我们又该如何改善这些呢？在接下来这个团体技术环节中，我们会得到这些问题的答案，但有一个前提，这个前提就是，你要用所有的注意力来关注自己的内心感受。只有真实地投入，才能有更大的体会和收获，因为我们今天面对的不是知识的问题，而是比较感性的情绪的问题。

1. 游戏环节

教师："好的，大家现在和我一样把自己的右手伸出来，竖起一个手指头(在这里加一个图片，或者多个图片比较合适)，然后把指尖转向自己的身体，慢慢地转一个圈，让我们想象我们在自己的身体上固定了一个圈子，这个圈子内部就是我们的情绪和情感，其中包括开心、喜悦、爱、痛苦、愤怒、怨恨、自责等情绪。我们慢慢感受自己的这个情绪圈子里面都有哪些情绪，哪个是最大的。如果你已经感受到，你就在这个大圈子里画出一个小的圈子，当然这个小的圈子就是这个最大的情绪了。然后我们又看到另外一个情绪，我们继续把它固定在这个大情绪圈子里。继续下去，直到我们把这个情绪圈子里的所有情绪都画好。"

2. 分享环节

教师："那现在让我们来分享自己最大的情绪是什么，谁愿意先说？"接下来进入分享阶段，要保证每个人都说到。然后把这些人按照情绪的种类分成3~4个小组，每个小组坐在一起，但还是围成一个大圈。

3. 故事环节

教师：好的，现在我们开始进入故事环节。现在每个小组分别找到一个能够代表你们共同情绪的一个物品，放到你们的面前，然后你们在内心里暗暗赋予它生命。现在我给每个小组10分钟时间来决定这个物品，然后赋予生命意义。要求最后结果是共同参与完成的。

4. 陈述和蒸发环节

教师：现在大家都已经完成了，我们也能够看到代表不同情绪的这个有生命的化身在这个中间了。我们仔细听，这几个情绪在对话，仔细听它们说了些什么？是谁先说的？现在每个人都可以感受，你如果感受到了，你就扮演那个情绪说出来，模仿它的声音就可以了。当然如果你愿意，也可以走出来模仿它的动作。好，现在谁感受到了？

(这个环节很有趣，也是关键的，教师需要带领大家进入到故事中，带领的艺术是不做过多干预，只要每一个人把过程讲清楚。经过一系列交流对话，进行相互的沟通、相互的安慰等。这个过程就是陈述和蒸发的过程，也是在潜意识中完成的情绪成长。)

5. 分享

每个人都可以谈,只要有感受就可以谈,当然也可以表演。

三、工具类团体技术示范

技术1 情绪测量

技术理念：成员对自我情绪的体察以直观的方式表现出来。

技术目的：成员把自身的情绪直接表达出来。

操作流程：

1. 找出两个成员作为坐标,一人站一端。导师标示一端为情绪最好的状态,另一端为情绪最坏的状态(可以0~100作为标示)。

2. 导师引导成员感受和体察自己当时的情绪,成员按自己的情绪状况站在两端连线的某一点上。

3. 站好后,导师可以根据不同成员的不同状况引导他们对个人情况进行分享和处理。

注意事项：对站在情绪最坏一端的成员,在处理时要尤为谨慎,并需要做好危机干预的准备。

技术2 过去与未来(生命线)

技术理念：通过画出一条个人生命线,澄清自己现在所处的阶段,以及当下个人的认知,澄清过去事件对今天的影响,让过去负性经验得到消除,重新赋予人生意义,明确未来的方向,更坚定地朝着未来发展。

技术目的：陈述过去、现在及未来;重复人生意义,明确未来方向。

操作流程：

1. 教师先示范画一条自己的生命线,分享个人感悟(促动)。

2. 请团体成员画一条线,标出自己的生命长度(如80岁),标出今天所处的位置。

3. 教师引导想象,完成表5-4。

表5-4 自我评测表

最大的困惑		对未来的期望	
最想做的事情		想成为一个怎样的人	
最害怕的事情		谁是帮助你的人	
……		……	

4. 团体互动,并分享。

5. 重申目标：重塑自我,消除过去的影响,规划未来。

第五节　团体结束阶段的相关操作

　　团体经验对团体的成效有决定性影响，如果这一阶段是成功的，学生就会更愿意将自己在团体中的所学带入现实生活中；当他们结束这节活动课时，记忆中留下的欣喜、激动、感慨等正向情绪对今后的成长将起重要作用。这一阶段的工作重点是"问题解决"。时间大约 5 分钟。

　　常用的团体结束活动有：我的收获、我们大家都来说、把心留住、笑迎未来、礼物大派送以及与主题相关的歌曲等。

第二部分

体验式教育模式具体实施

本部分主要介绍体验式团体教育模式的具体实施,包括四章:教师心理资本优化实践、校园生态文化建设及心理健康课、体验式团体教育下的班级建设(包括班会与家长会)、体验式团体教育模式下的课堂。

第六章　教师心理资本优化实践

第一节　教师的职业压力

职业压力普遍存在于各行各业，而教师职业的特殊性，也使教师承受着巨大的压力，尤其在当今不断深化教育改革的形势下，国家和社会都对教师提出了更高的要求，这就更加重了教师的负担、增加了教师的压力。

一、教师职业压力的现状

教师职业压力过大可以说是一种普遍现象。教师体验到的职业压力，使教师的心理、生理、情感、认识、行为等方面将会发生很大的变化。在心理方面，易焦虑，情绪异常。在生理方面，经常产生疲劳感，缺乏精力，对疾病的抵抗力下降。在情感方面，易情感失常，体现为职业热情和动力的丧失。在认识方面，自我效能评价下降，体会不到成就感，产生职业厌倦。在行为方面，职业压力大的教师会产生冲动行为，减少与学生的交往，易与学生发生冲突，同时对工作失去兴趣，工作积极性低。

据中国人民大学公共管理学院组织与人力资源研究所和新浪网联合进行的"2005 年中国教师职业压力和心理健康调查"的数据显示：

(1) 超过 80%被调查的教师反映压力的较大。

(2) 近 30%被调查的教师存在严重的工作倦怠，近 90%被调查的教师存在一定的工作倦怠。

(3) 近 40%被调查的教师心理健康状况不佳。

(4) 20%被调查的教师生理健康状况不佳。

(5) 超过 60%被调查的教师对工作不满意，部分甚至有跳槽意向。

2019 年，中国教师教育发展协会指导发行的国家级刊物《明日》杂志曾发表过一篇关于教师心理健康问题分析的文章。据该文数据显示，32.4%的被调查的教师感觉工作压力非常大；教师中亚健康心理患者占到 72%，其中 61.2%的中小学教师有焦虑征兆。

教师面临的压力直接关系到上课的质量，因此如何排解压力不带情绪地给学生上课成为很多教师的必修课。但是，教师们普遍没有更好的专业渠道解决压力问题。47.7%的教师在感觉压力大时选择向家人、同事与朋友倾诉，33.2%的教师选择花更多时间做自己喜欢做的事情，比如吸烟、购物、上网、运动等，26.7%的教师会自我安慰，11.7%的教师选择向学校或教育管理部门寻求帮助。此外，还有 22.8%的教师选择闷在心里，17.0%的教师不采取有效措施，拖一天算一天。

二、教师职业压力的来源

由于教师这一职业的特殊性，教师的职业压力还会对教师的教学和学生的身心发展造成不可估量的不良影响。所以笔者认为应该高度关注教师职业压力问题，详细了解教师职业压力产生的各种原因。

(一)考试压力

虽然目前国家和社会在不断地推广素质教育，但是多年来应试教育的影响以及教育资源的短缺，使得升学考试的成绩仍然是各个中小学的主要成绩。学校根据学生考试成绩评定教师的职称、奖金，高三年级教师更是担心所教班级学生的升学率。

(二)工作负荷

对教师来说，每天并不是简单的 8 小时工作制，除了正常的上课任务外，还要进行课下的备课、修改学生作业和对学生进行课外辅导等，基本上每天的工作时间都在 10 小时以上。

(三)教师角色职责因素

教师职业角色压力可以说是教师行业特有的压力源。教育教学过程是一个复杂的人际活动的过程。教师的工作对象是有思想感情、有主观能动性的各种人，这一特点决定了教师工作的复杂性。现在的大中小学生接触面广，获取知识的渠道多样化，他们可以借助网络、报刊等信息渠道获得大量的课前知识，从而成为多种文化资源的占有者，教师职业的权威性被不断削弱，威信受到了一定的动摇和影响，教师会感到紧张和不安，因而产生了相应的压力。

另外，教师职业角色具有多重性和角色冲突的特点。教师的工作性质决定了教师要扮演多重角色，比如学生知识的传授者和管理者、学生的朋友、教育科研人员等。正因为教师扮演着如此多的角色，所以当某些角色无法协调时，角色冲突也就产生了。当教师不能很好地实现多种角色的转换，就会造成心理矛盾和冲突，加重心理负担。

(四)职业期望

我国正处于社会变革期，社会的变化对教师的生活和工作冲击很大。不乐观的地位、工资和职务提升前景也是教师职业压力产生的原因之一。教师的经济地位是在教师整体地位中权重最大的一个层面，而经济收入低则在一定程度上降低了教师的社会地位，甚至影响他或她在学生中的权威性。

(五)学历科研职称因素

教师学历层次和教学科研成果是衡量高校综合实力的重要方面,所以学校及其教师都非常重视。

当今社会,对教师的学历要求越来越高,所以教师要通过培训、进修、读研和读博等途径不断地更新知识。广大教师的日常工作是教育教学,但是在教师的职称评定中,除了教学成绩外,学历因素和科研因素都占很大的比例。教师为了评定职称,除了提高学历层次外,还要通过承担课题、发表论文等方式承担繁重的科研工作,否则不但影响职称的评定,还影响教师个人的职业发展。所以学历职称因素对教师产生了不小的心理压力。再加上评定职称过程中的一些不正之风,致使教师心理压力更大。

(六)教师自身因素

教师自身的人格因素也会产生很大的影响。每个人的人格特征都不尽相同,每个教师的人格特征也是如此。教师个体自身的人格特征对职业压力的产生也有直接影响。教师人格特征中往往存在一定的不良因素,如怯懦、自卑、孤僻、狭隘、重名利、患得患失、追求完美、性格内向、敏感等,因此在处理日常工作时经常会处理不当。在面临同样的压力时,具有这样人格特征的教师往往不能采取适当的方法处理,从而造成教师自身的心理压力。

另外一些教师的自我心理调控能力不足。每个教师都会面临各种压力,有的教师能采取积极的办法去应对并缓解,而有的教师自我调节能力差,所以难以摆脱压力,长期的压力积累以后,便可影响心理健康。

第二节 教师心理资本优化缓解教师压力

一、教师心理资本的定义

美国组织行为学家、管理学会前主席路桑斯在2004年首次提出了心理资本的概念,2007年经过修订将心理资本定义为"个体在成长和发展过程中表现出来的一种积极心理状态",其特征如下。

(1) 拥有完成具有挑战性任务的自信(自我效能感)。
(2) 对当前和将来的成功做积极归因(乐观)。
(3) 坚持目标,为了获得成功,在必要时能够重新选择实现目标的路线(希望)。
(4) 当遇到问题和困境时,能够坚持、很快恢复和采取迂回途径获得成功(韧性)。

教师心理资本是从教师职业特色的角度提出的。教师心理资本就是指在学校等组织情景中能够促进教师积极组织行为的心理状态或心理品质。教师心理资本优化即针对教师这个群体依托积极心理学、生态心理学,运用感恩技术、生态技术等心理技术,从教师的自身作为切入点,实现教师的自我效能、乐观、希望、韧性四个维度的优化,提升教师幸福感。

二、教师心理资本优化的重要性

教师的心理资本也是一种心理能力,与教学效果相匹配。

自我效能感高的教师会投入更多的热情和精力在自己的教育事业上,在课堂上更能发挥自己的潜能,对学生更有责任感,从而也会产生更好的教育质量和教学成绩。充满希望的老师,会选择适当的教学方法,根据教学中遇到的问题及时调整教学方案、敢于创新经常反思。个性乐观的老师,会在个人事业发展遇到"瓶颈"的时候,不断总结经验,勇于自我突破。具备韧性的老师,面对捣蛋学生和问题学生,以及班级管理中的难题,会在迎接挑战中感受工作的快乐。

教师首先是一个人,然后才是一个教师,在其自身不断向前发展的过程中,因为自身心理困扰和外在环境影响,心理资本可能会亏损,甚至耗尽。同时,教师又是一个帮助别人"成为一个人"的教育工作者,在这个帮助他人"成为一个人"的过程中,职业倦怠会降低他的自我效能感,职业价值感降低也会磨损他的希望、乐观和韧性。长此以往,教师队伍就极有可能出现"各安天命""安于现状""消极怠工"等情况。而在这种情况下,教师不仅不能高质量地完成教学任务,还会让学生沉浸在枯燥的学习当中,这将给教育事业的长远发展带来非常恶劣的后果。

三、教师心理资本优化的方向

教师心理资本优化要围绕六个方面开展。首先是教师自身的自我效能感(自信),这部分是教师最先需要进行优化的内容。

原因有三点,第一个因素是一个普通人在自身的生活和工作中需要自我效能感,不然就不能更好地实现生活和工作的最大效能,而教师首先是一个人,和所有人一样。第二个因素是教师是和人打交道的人,这个世界上有两种人,一种人的职业是依靠和别人的互动来完成的,另一种则不需要和别人互动来完成。相对于后者,作为和人打交道的教师来说,自我效能感的提升就不仅是自己的需要了。第三个因素是教师是影响他人"成为一个人"的人,这种影响是不是积极的、影响者自身的自信对被影响者的影响将是至关重要的。综合以上三个因素,自我效能感的提升将被作为教师心理资本建设的第一个任务。

然后依次是积极的心态(乐观)、成功的愿望和育人理念(希望)、抗挫折的能力(韧性)、职业幸福感(价值)、应对问题的能力(管理)。

教师的职业的特殊性,决定了教师心理资本优化的方向上与其他群体有根本区别。这种区别除了上面已经阐明的之外,还包括教师需要运用心理技术和相关手段来实现教育教学的最大化，不仅自身心理能力水平很高，还需要有一定的知识和技能条件，因此，在教师心理资本的内涵中还将包括心理知识和技术部分。如果只像对待其他群体一样定位教师心理资本，将不是最科学和最完善的，所开展的优化工作也不是最全面和立体的。

四、教师心理资本优化的形式

教师心理资本优化的核心理念是："老师幸福学生才能幸福。"体验式团体教育模式对教师的心理资本建设采用的是体验式工作坊和体验式团体教育两种方式进行的，传统的认知教育试图通过心理学知识的学习来缓解自身心理倦怠和压力，这种方式起到的作用似乎越来越小。

原因很简单，这是一个人的心理内部出现了问题，需要针对这个人心理内部开展工作，而传统的心理教育模式，已经不能有效地实现这一目标，而这种提升通过"体验式培训"的形式来完成效果就会大不相同。在现在整个教师教育体系中，这种方式采用较少，同时也缺少相关的研究人员。

在我们高度重视学生身心健康的同时，更应该采用行之有效的方式关注教师的身心健康，体验式团体教育模式将会起到这样的作用，通过科学、系统、全面的体验式培训，让教师首先成长，协助教师解决自身的心理困扰，提升幸福指数，掌握心理学知识，提升人本管理绩效，让教师成为教育发展的最大受益者。

五、教师心理资本优化的主要内容

根据前期进行的试验经验总结，针对教师的心理资本优化共设五门课，总计24学时。三门是"动之以情"的，围绕教师自身的心理能力开展；另外两门是"晓之以理"的，主要针对教师所具备的知识和技能开展。前者是以工作坊形式开展，后者以体验式团体模式开展。前者是心理成长，后者是心理教育。这两种都属于团体心理咨询范畴。

教师心理资本优化是学校等组织单位给老师提供的一项福利，这种福利就是精神文化福利。该福利旨在帮助老师提升自身幸福感，促进教师自身生活和工作的和谐，最终实现为教育教学改革输送动力。它是一项需要持续发展的系统的工程，它的研究、实践和推广，将是教育领域的一次崭新的变革，它能适应现在学生发展和社会发展的需要，让教师和学生都能够找到教与学的乐趣、成长的乐趣，让教育的本质得到回归，让教育的效果得到彰显。

六、教师心理资本优化的评估与实施

(一)科学评估

尽管目前教师自身的心理资本需要优化已经成为不争的事实，但地区之间教育现状的差异也是很明显的。这就要充分考量教师心理资本优化的区域性问题，要在开展教师心理资本优化之前进行科学的评估,从而提高针对性和实效性。要实施评估,首先要解决两个问题:第一个是评估系统的建设和实施问题;第二个是不同分类的比较问题。

在评估系统的建设方面,采取心理健康评估和职业评估相结合的途径,在量表的运用上采取现有选择和自编问卷相结合。

地区之间的差异可以从以下几个方面。

(1) 发达地区和中西部欠发达地区,以及相对落后地区的教师自身的心理资本水平是有区别的。

(2) 城市和乡村学校中的老师的心理资本的区别。

(3) 不同文化背景下的地区之间的差别。

评估工作是优化工作之前的主要工作,需要做的工作包括:运用专业工具对教师进行心理资本评估,访谈相关人员及观察,分析数据得出综合结果、制订课程计划,做实施前的准备工作。

(二)评估目标

(1) 确定教师心理资本的优化方向和具体目标。

(2) 根据评估结果安排优化内容的先后顺序。

(3) 以评估结果作为参考制定优化内容。

(4) 实施评估系统工作的过程采用前后验证效能,以指导下一步工作。

(三)有效实施

教师心理资本建设分为成长工作坊和体验式教育团体两种形式。

前者是围绕育人理念课和心理学技能课,为讲解和互动相结合的模式。其他课程以全程体验式工作坊形式完成,所有的参加者在体验中感悟,在感悟中实现心灵成长,最后实现自身心理资本整体水平的提高。

在体验式团体教育模式进行的试点学校中,该课程先是针对部分参与教改的班主任和学校管理者,以及心理老师进行优化。随着体验式团体教育模式的深入推进,逐渐普及到全体班主任,然后是全体老师。这个过程是过去试验的结果。对于任何一所学校来说,无论进行教改与否,目前的教师心理资本现状,都需要普及式地优化一遍。因此这个工作坊是针对全体教师职工进行的。

成长工作坊的时间根据目标可以 3~5 天,成员 30~60 人,工作坊一般是封闭式,成员自愿参加,由体验式团体教育模式专业导师带领。

第三节 教师心理资本优化操作方案

方案一 教师自我效能感提升工作坊方案

(一)理念

自我效能感:指个体对自己是否有能力完成某一行为所进行的推测与判断。班杜拉等人的研究指出,自我效能感具有下述功能:决定人们对活动的选择及对该活动的坚持性;影响人们在困难面前的态度;影响新行为的获得和习得行为的表现;影响活动时的情绪。

教师自身的自我效能感水平的高低,不仅体现在课堂上,还随时体现在日常生活以及与人相处的各种行为中。课堂上的不敢放手,包含了教师对自己的信任,以及对别人的信任水平。过度的控制、面对问题时的不经意逃避等都会在一个自我效能感水平低的教师所主持的课堂上经常见到。

研究表明,教师自身的自信心对学生的影响是至关重要的,一个不相信自己的人,是无法相信别人的,经常被一个带领者不信任,或者很不确定,这样的成长过程会给学生的人格造成重要且深远的影响。因此,对于教师心里资本的优化将首先围绕教师的自我效能感展开,尽管这是一个硬骨头,但需要好好地去啃,不然只在方法和技术上下功夫,那就范了方向性错误。

该课程运用人格心理学的相关理论,在团体动力学的推动下,所有参与成员在教师的带领下投入到心理技术的体验中去,透过自我的呈现、自我的表达、实现对自我的认识发生改变的过程,这是一个科学而又艺术的过程。

(二)目标

(1) 发现自我的心理盲区,并且实行修复。
(2) 学会爱自己,接纳自己,欣赏自己。
(3) 提升自我心理管理能力,使其更自信。

(三)内容

具体内容如表 6-1 所示。
(1) 我是谁:面具的故事。
(2) 扫盲行动:遇见未知的自己。
(3) 自我完善的两条途径:关系与内省。
(4) 如何成为一个爱自己的人?
(5) 自我成长三部曲。

(6) 自信的几个方面：自恋、自卑、自虐、自大、自欺。

表 6-1　工作坊方案内容

阶段	主题	内容	目标	时间	工具	设置
阶段一	面具的故事	(1)每个人的四个区域 (2)绘画技术：两个我 (3)自我探索：我的五样	(1)透过心理技术的体验，使成员能够对自我有足够的了解，了解才能理解，理解才能接纳，一个完全接纳自己的人，才是可以驾驭自己的人。 (2)每个人都有自己无法面对的自我部分，也有唯恐别人不知道的引以为豪的自我部分。如何正确处理这两个部分决定了这个人的高度。 (3)从点到线，从线到面，从面到体，立体全面地对自己进行盘点，是这个板块的主要目标	120分钟	特制面具:特制"我五样"	
阶段二	遇见未知的自己	(1)生命树 (2)冥想：十年	透过相关心理技术，使教师了解自己潜意识的自我	120分钟	特制"生命树"	
阶段三	自我与重要他人	(1)通畅的"上线" (2)和谐的"下线" (3)幸福的"中线"	每一个人的自我，都离不开他人的影响，社会化的过程和家庭的文化氛围，以及后来的教育过程，决定了影响程度，有的人被影响得太深，结果失去了自我，总是活在别人的"意见"和影响中，有时候想要反抗，又导致矫枉过正。透过心理技术的体验，帮助老师找回真实的自我，可以做到与他人的关系从"同而不和"到"和而不同"	120分钟		
阶段四	爱自己的学问	(1)爱自己的内在小孩 (2)"非正常性言语"知多少	(1)一个人无论多么理智、多么有修养，都会在不同的时间、空间或者特定的人际关系中表现出不成熟的一面。这一面就是这个人的"内在小孩"。提高自我效能感的核心任务之一，就是让一个人喜欢自己，不伤害自己，这是一个很重要的工作。 (2)自我效能感水平不高的个人，言语中总有许多"非正常性"的语言，我们必须找出来进行优化，不然会继续负性强化下去	120分钟		

续表

阶段	主题	内容	目标	时间	工具	设置
阶段五	心理成长	(1)九分割：童年 (2)故事：招聘父母 (3)孝顺的力量	作为教师，并不需要成为心理学家。真正的心里完善需要在生活和工作中实现，本板块就是教授教师如何在生活和工作中完成自我心理保健，为自己的乐观心理保驾护航	120分钟		
阶段六	自信的三个亲戚	(1)自虐的三种表现 (2)自恋的是是非非 (3)自卑的前世今生	通过上面几个环节的认识、修复、调整之后，再次安排这个技术体验环节，让自我效能感进一步地得到提升。可以理解为这是一个升华和强化的环节	120分钟		

方案二 教师阳光心态塑造体验式教育团体方案

(一)理念

时代在发展、社会在变迁，每个人其实都需要成长。教师如果不知道自我净化和成长，总是按步就班，必然产生职业倦怠，降低我们的幸福指数。作为班主任在提升自己生活质量的同时，更对学生的成长负责，每天要有阳光心态和灿烂的笑容，在课堂上构建和谐的师生关系，做一个快乐幸福的教师是我们所期待的，如图6-1所示。

图6-1 教师们在心理资本建设培训过程中

(二)目标

本次方案主要是调整教师的心态状况，针对人生中10件重大意义的事件对你的影响。而体会到心态对我们生活质量、工作状态的影响。

(三)方案流程

1. 开始阶段

听音乐——《清晨》。(围成大圈尽量密集手拉手，男女生穿插开。)

教师：请老师们想象，清晨我们漫步在雾气蒙蒙的林荫小路上，小鸟在鸣叫，溪水在流淌，暖暖升起的晨光照在我们身上，在我们的脸上又洋溢着一丝微笑，带着这样甜甜的微笑，我们踏上生命的列车开始新学期工作和生活之旅。带着这样的心情我们来到了当下，此时此刻我们50多个班主任和各位领导围成一个圆圆的大圈，肩并着肩手拉着手，为了共同目标一同努力。我们充满力量，我们斗志昂扬。

在这样温馨的氛围中，我们开始了今天的成长历程。不知我们今天一上午能收到怎样的生命礼物，只要你用心体会和感悟，你一定能等到。好，请和你身边的人握手，轻声地说一声"早上好"。

下面我们以游戏的方式，进行一次分组活动。(刮大风或粘泡泡糖)

分成5~6组，每组选一个组长，起个组名，每组做一次宣讲。

教师：今天上午这个团队走得如何，以及成长得如何和各位有着密切关系呀，请为我们和组长鼓掌和鼓励。

请小组长带领完成任务，画情绪脸谱(6分钟完成情绪脸谱)。

教师：好各位，下面我们每个组派一个代表，来表达自己组的感受。

2. 工作阶段

1) 第一阶段

音乐：《风平浪静》

教师：听着这样舒缓动听的音乐，让我深深地感受到，生活就像大海一样，我们每个人的人生就像这条小船，在看似风平浪静的生命历程中，既快乐又烦闷，偶尔也有惊涛骇浪，这些只有我们自己才能深刻地体会和感受。

2) 第二个阶段

准备两张纸——背景音乐《天空之城》。

先画一张图，写出生命中对你影响意义深刻的10件事情。可以是正面的也可以是负面的(要求不要说话，只要我们用心静静思考，用心体会，用文字和图画的方式展示出来，不清楚的地方问教师。然后将10个重要的事件以数字的方式标在你画的人体图的某个部位。)，时间为15分钟。

小组内分享对你影响最大的一件事情。为什么你把它放在你身体的某个部位。(时间为20~30分钟)

教师：好，看到我们这样热烈而投入地分享我很是感动，我已经收到了我今天生命中最好的礼物：温暖、信任和支持。

下课，休息10分钟按时返回。

3. 转换阶段

教师：带着两张纸进入我们成长的第二个环节，利用内外圈技术继续深入下去。围成大圈,进行1、2报数。报1的坐在内圈,报2的坐在外圈,一一相对。

内外圈:分享其他人的故事9次。每次对面的两个人用2分钟分享彼此的故事。

回到原来的小组,分享一下在内外圈和九个人交流的过程中让你内心触动最深的一件事是什么,为什么?每组的组长作为促动员,带领各组继续走下去。给每个组15~20分钟时间。

(注意:教师在这个过程中,注意观察,可以适时地干预和引领。)

每个人从出生到"成为一个人"在成长过程中,都是一个需要不断学习,为什么有时会出现师生关系处理不好,家庭关系处理不当,子女教育时存在很大问题,可能是我们方法使用不当,也可能在我们成长过程中一些事件对我们产生影响,而事件的背后就是关系的问题,要想把这些问题处理好,更多地找自己的问题,反求诸己。而这些问题的解决,需要我们不断地学习和成长,来弥补我们的一些缺憾,进而也提高我们的生活质量和幸福指数。所以自身的成长和学习是第一位的。今天我们梳理一下自己的成长历程,也找到几面镜子:你小组的成员、其他人。这个过程就是一个自我成长的过程。

4. 结束阶段

表达感谢:在一上午的活动中,我们的内心深处都浮现许多宝贵的东西,也就是今天生命中的礼物,这个礼物可能是别人给你的,也可能是你自己给你自己的,无论怎样我们都要表达一下感谢,每人向你要感谢的人走过去,表达一下,或站在台上讲述,朝着他的方向鼓掌。

播放音乐:《我们的梦》——体会歌词的意义和感受生命的旋律,用我们今天收到的生命中一个小小的礼物,带给我们的思考,去过好明天及未来每一天。

5. 总结

到了此刻,可能还有些老师觉得没有学到什么,还有的老师可能要问,我们不是要培训班会、家长会如何开吗?这不是跑题了吗?

成长的作用是成为德、智、体、美、劳全面发展的我们。我们从家庭团体开始,然后是学校团体,进而就是办公室团体……我们在团体中成长,在团体中学习,也在团体中寻找快乐,或经历痛苦。可以说我们无时无刻不是生活在团体之中。风景在旅途中,成长在过程中,学习在团体中。

如果你认真地感受、体验和分享了你的所思、所悟,我想今天你的礼物已经等到了,并且是最珍贵的。今天整个活动的过程,更多依靠体验式技术和各位成员形成的动力场地推动而前行。我们完全可以将这样一种模式也用于召开家长会或者班会。

(四)准备材料

音乐:《清晨》《风平浪静》《我们的梦》。A4纸、彩色笔、透明胶。

第七章　校园生态文化建设及心理健康教育课

除教师心理资本建设外，校园生态文化建设及心理健康教育课也是学校心理老师的重要工作，是心理老师在学校中作用的主要体现。如前所述，在体验式团体教育模式项目推广的研究方法中，心理老师和心理辅导只是学校心理学研究中的一部分。一方面，我们认为心理健康和心理资本的提升不能单靠个体咨询和小组带领，而应从整个学校的校园生态系统下手。另一方面，学校里大多是心理健康的学生，因此，有广泛覆盖意义的心理健康教育课是值得推广的，其目的是帮助学生更顺利地成长，完善其人格。

第一节　校园生态文化建设

一、基本概念

校园生态文化建设是一项包括生态学、社会学、美学、心理学、建筑学、教育学在内的综合性学科，是生态心理学在校园建设中的具体运用，其最高层面的价值是在满足校园基本使用功能前提下的素质教育价值。

生态校园主要是指校园内部各种要素处于一种相互依存、相互协调、相互促进的状态，主要表现为校园组织结构要素和谐、教育环境和谐、教师间人际关系和谐、师生关系和谐以及自我教育、家庭教育、社会教育和学校教育的和谐等。

学校是引领社会发展的机构，是孕育新思想、新知识、新科技的重要园地，是为中国特色社会主义事业培养和造就更多合格建设者和可靠接班人的重要场所，是构建和谐社会的可靠基础和生力军，在构建和谐社会中具有十分重要的地位和作用。建设校园生态文化可以形成良好的学习氛围和生活环境，使学生专心向学，促进学生身心健康发展，为社会主义事业培养更多合格的建设者和接班人；形成良好的人际关系，使全体教职工安心工作，心情舒畅地投身于教学、科研和行政、后勤管理工作中；促进依法办学，公平公正，形成文明整洁、诚实守信、充满活力、安定有序的校园环境，增强师生的内聚力和荣誉感；更好地尊重人、依靠人、提高人，帮助落实以人为本的科学发展观；促使教育面向现代化、面向世界、面向未来，体现学校发展的价值取向、软实力。

建设校园生态文化，就是把学校建设成最适宜学生成长发展的"生态系统"，具备民主、科学、人文、开放的育人环境，体现教育对人的关怀；就是把学校建成一个能实现师生和谐相处，学校和教师、学生共同发展的，理想、稳定、融洽的团队；就是以科学发展观为统领，促进人的全面发展及人与自然的均衡发展。创建和谐校园体系庞大，需要遵循以人为本、和谐发展的理念，用科学的理念引导人，用正确的思想武装人，用美好的前景鼓舞人，用真挚的感情感染人，用良好的环境熏陶人。同时，创建生态校园也需要掌握以下一些基本要点。

1. 坚持以人为本

坚持以人为本就是要求我们尊重人、依靠人、提高人。尊重人是办好学校的前提，特别是对学生，不管其家庭背景、学习成绩、行为表现如何，都是教育服务的对象，学校任何人都没有权利歧视、放弃他们。依靠人是办好学校的保证，广大教职员工是办学的主体，只有紧紧依靠并充分调动他们的积极性，学校的发展才有希望。提高人是办好学校的目标，要为教师搭建学习和发展的平台，不断提高他们的思想和业务水平；要为学生茁壮成长创造良好的条件，不断提高学生的德、智、体、美、劳水平。

2. 重视人际关系

组成校园的最基本单位是不同的个人，每一个人的一举一动及其相互关系，都深刻影响着校园的风貌。因此，校园生态文化建设必须有和谐的人际关系作为前提。校内校外的人际关系处理好了，学校才会"政通人和""校和万事兴"。

3. 搞好文明整洁

学校是传播社会文明的主要基地，理应成为社会文明的表率，在和谐校园里，人人都应该相敬、友爱、谦和、互助、懂礼貌、讲卫生，形成良好的行为习惯。此外，校园的和谐还表现在校园的布置和管理上，布局、建筑、绿化、雕塑等都要既美观又富有教育意义。

4. 践行诚实守信

诚实守信是做人处事之本，也是立校之本。干群、师生、师师、生生之间都要诚实守信。学校作为一个单位，对社会也要诚实守信，才能赢得学生家长和社会公众的理解和支持。

5. 营造宽松环境

学校要提供各种知识、娱乐、文体活动的场所，为学生的发展提供尽可能宽松舒适的环境，促使他们的个性和特长能够得到充分发展，让他们的身心健康地成长。学校是学术殿堂，要允许不同学派、不同观点的争鸣，对各种学术观点要兼容并蓄，发扬学术民主，使学校新思想、新思维、新创造不断涌现。

二、建设生态校园

(一)构建校园环境文化

在校园文化建设中，精神文化是目的，环境文化是实现目的的途径和载体，是推进学校文化建设的必要前提，环境文化建设是校园文化建设的重要组成部分和重要支撑。完善的校园设施将对在师生中开展丰富多彩的寓教于文、寓教于乐的教育活动提供重要阵地，使师生教有其所、学有其所、乐有其所，在求知、求美、求乐中受到潜移默化的启迪和教育。全面的设施、合理的布局、各具特色的建筑和场所，能使人心旷神怡、赏心悦目，有助于陶冶师生的情操，对师生塑造美好心灵、激发开拓进取精神、约束不良风气和行为、促进身心健康、调节情趣和心理状态等起着重要作用。另外，校园环境文化又是一门课程，每天、每分、每秒都教育着周围的人。

(1) 合理规划、布置学校的各种专用教室。各专用教室的科学规划，更有利于学生学习活动的开展，有利于学生的发展。

(2) 整体规划、布置校园的宣传阵地和活动场所。美化校园环境对学生良好行为习惯的培养具有潜移默化的作用，要建成"小场地做大文章""校园处处都会说话"的和谐生态校园环境。

(二)构建校园制度文化

校园制度文化作为校园文化的内在机制，包括学校的传统、仪式和规章制度，是维系学校正常秩序必不可少的保障机制，是校园文化建设的保障系统。"没有规矩，不成方圆"，只有建立起完整的规章制度，规范师生的行为，才有可能建立起良好的校风，保证校园各方面工作和活动的开展与落实。学校一系列综合改革方案的制定，确立起了合作、竞争的工作氛围，确立起了依法治校、规章面前人人平等的管理局面。

努力使教师之间和谐、理解、合作，学校凝聚力空前提高。在校园文化建设的基础工程中，注重加强对学生学习、生活的管理，健全学生校园文化一日常规管理、班级管理、卫生管理，充分发挥少先队干部的先锋模范作用。通过开展红领巾监督岗检查的活动，增强学生自我教育、自我管理、自我服务、自我约束的能力，从而养成自觉遵规守纪的良好行为，如每天学生的早读、早操、卫生、纪律、穿戴等都有红领巾监督岗成员进行检查评比。值日教师进行抽查，每天将检查情况在学校校务公布栏上公布，促使全校形成人人争当文明队员、班班争夺流动红旗的良好局面，使学生的思想品德和文化素养得到和谐发展。

三、构建校园人文文化

在构建和谐校园的过程中，要坚持以科学发展观为统领，紧紧抓住发展这个执政兴校的第一要务，使学校成为一个"民主、科学、人文、开放"的生态系统。

(1) 强化教师队伍建设。教师是学校的生力军，有一句话说得好："有怎样的教师就有怎样的学生。"

(2) 增强"师德"意识，建立"师行"规范。作为教师，必须视学生为自己的儿女，把教育人、引导人与关心人、帮助人紧密结合起来，把教育学生与服务学生紧密结合起来，把对学生的关怀落到实处。做好兼顾各方与凝聚人心的工作，在整个工作过程中都要带着满腔热情，使校园形成一种和谐活泼的氛围。

(3) 充实学生的校园生活，丰富学习活动。充分发挥学生的个性潜能，创造一切有利条件培养学生的兴趣，发展学生的个性。

第二节　心理健康教育课

一、心理健康教育的概念

教育部《关于加强中小学生心理健康教育的若干意见》中明确地定义了心理健康教育的概念：中小学心理健康教育是根据中小学生生理、心理发展特点，运用有关心理教育方法和手段，培养学生良好的心理素质，促进学生身心全面和谐发展和素质全面提高的教育活动，是素质教育的重要组成部分，是落实跨世纪素质教育工程，培养跨世纪高质量人才的重要环节。

心理健康教育既可以促进学生身心健康和全面发展，也有利于推进学校素质教育的全面实施，如实现教育目标、减轻学习负担、实施创新教育等。

二、心理健康教育的基本原则

2018 年，中共教育部党组印发《高等学校学生心理健康教育指导纲要》的通知，明确提出，心理健康教育要坚持四个原则：科学性与时效性相结合、普遍性与特殊性相结合、主导性与主体性相结合、发展性与预防性相结合。

科学性与实效性相结合。根据学生身心发展规律和心理健康教育规律，科学开展心理健康教育工作，逐步完善心理健康教育和咨询服务体系，切实提高学生心理健康水平，有效解决学生思想、心理和行为问题。

普遍性与特殊性相结合。坚持心理健康教育工作面向全体学生开展，对每个学生心理健康发展负责，关注学生个体差异，注重方式方法创新，分层分类开展心理健康教育，满足不同学生群体心理健康服务的需求。

主导性与主体性相结合。充分发挥心理健康教育教师、心理咨询师、辅导员、班主任等育人主体的主导作用，强化家校育人合力。尊重学生主体地位，充分调动学生主动性、积极性，培养自主自助维护心理健康的意识和能力。

发展性与预防性相结合。加强心理健康知识的普及和传播，充分挖掘学生的心理潜能，培养积极心理品质，促进学生身心和谐发展。重视心理问题的及时疏导，加强心理危机预防干预，最大限度地预防和减少严重心理危机个案的发生。

三、心理健康教育的教学要求

(一)不应是单纯的理论知识课,而应是联系实际的应用课

心理健康教育课要传授给学生身心发展的常识、心态调适的方法与技巧,进而使学生对自己、对人生、对社会有一定的了解,但它绝不是简单地传授知识的课程。心理健康教育课的主要目的在于让学生学会排除自身发展中遇到的困惑、烦恼、忧虑,学会解决生活上、学习上和人际关系上的各种实际问题,从而使心理不健康的学生心理变得健康,使心理健康学生的心理素质变得更完善。因此,教师教学的重点不应是引导学生死记硬背,而是要把学生引导到对心理健康知识的理解和应用上来,杜绝纯理论灌输;采用理论与实践操作训练相结合,开展心理训练活动,让学生掌握心理调控技术和自我超越方法。如果学生虽知之而不能行,则会加剧其消极情绪的体验,心理健康水平得不到真正提高。

(二)不应是教师单纯的理论"说教"课,而应是师生之间的互动课

心理健康教育课的教师应该善于捕捉学生经常遇到的心理问题,激发学生主动探求知识的兴趣和欲望。如在讲授"认识自我,塑造自我"这一节时,可让学生先找出自己的优势和劣势进行评价,使学生认识到自己是一个与众不同的人:独特的容貌、性格、信念构成了独特的你,你不必非要变得和别人一模一样;要善于发现自己的优势,你会发现你所拥有的,别人不一定拥有;要善于总结自己的成绩,哪怕是微小的进步,你也会信心倍增;要努力包容自己的不足和缺点。"金无足赤,人无完人。"不必因为自己相貌不佳而苦恼,也不必由于自己身材不好而忧愁。对学生学习教材中遇到的疑点进行适当地点拨,促其自悟;对重点、难点问题进行精确地讲解,促进其思路畅通。教师要改变传统教学方法,要让课程教学变为师生之间的互动课。

(三)师生之间要具有心理相容性

在心理健康教育课程教学中,教育者与受教育者要做到人格上平等,情感上、心理上相容,这比在其他任何教学中更显重要。教师在教学中要注意语言的艺术性,恰如其分地运用教学幽默,创造出无拘无束、相互交流的教学氛围,缩短师生间的心理距离,达到师生心理相容。要鼓励学生走上讲台,发表自己的看法。只有这样,才能对学生的心理发展起到有效的促进作用,否则这门课程的教学只会流于形式,而不会取得好的效果。

四、心理健康教育的教学方法

(一)讨论分析法

在授课过程中运用讨论分析法,学生可根据资料与经验对高职生中的一些共性问题进

行深入探讨。例如,在与学生的接触中,笔者发现不少学生对恋爱问题有些模糊认识:有的认为"恋爱不需要学习,这是一种本能,无师自通""在大学不谈恋爱是人生中的遗憾",等等。导致的问题则是:对恋爱挫折的承受能力低,有的失恋后情绪低落,影响了学习。针对这种情况,笔者在教学中设计了如下讨论主题,目的是帮助学生学会对自己负责,懂得什么是真正的爱情。讨论题目:大学生在校期间谈恋爱利大于弊还是弊大于利?什么是爱?何时谈恋爱为最佳时机?当你真的失恋了,该怎样正确面对?讨论的形式有多种,如分组讨论、辩论式讨论等。在学生展开讨论、辩论时,教师往往不参与,而是静观其变,最后作出总结。

(二)案例分析法

可把学生在自我认识、学习活动、情绪、人际交往、恋爱、个性等方面的问题综合成一个个典型案例,然后师生就这些心理问题产生的原因、主要表现、矫正办法等一起展开分析讨论。如在讲授情绪时,可选择下面的案例让学生进行讨论:有一位女生,她的人缘越来越差,她为此感到非常苦恼。她知道自己脾气不好,爱生气、爱发火,有时仅仅为了一点鸡毛蒜皮的小事情就发飙,吵架、摔门而去、摔东西、冲着别人大喊大叫都是她的宣泄方式,虽说自己当时痛快了,但却总是伤害了别人的感情。她每次发完脾气后又总是后悔,虽说事后她也会向人家道歉,但是这种情形一而再、再而三地重复发生,时间久了,周围的人也不想一再地容忍她,渐渐地就疏远了她。她很痛苦,又恨自己,明明知道自己不该胡乱冲人发脾气,可是到时候却偏偏忍不住。教师先让学生针对这一案例进行思考,用什么方法来帮助她解除烦恼呢?在引导、分析的同时,可将有关的心理学理论知识浓缩进分析讨论中,传授给学生。

案例分析法在课堂中的效果如何,关键在于教师对案例的选择。因此,在选取案例时,应注重从学生关心和渴望了解的问题入手,力求使选用的案例具有现实性、代表性、生动性。笔者相信一个优秀的案例会引起学生认识问题、分析思考问题的兴趣和热情,在对案例的分析和讨论中,既提高了学生学习的主动性和积极性,又达到了教学目的。

(三)角色扮演法

角色扮演法是用表演方式来启发学生对心理问题有所认识的一种方法,把角色扮演与心理剧结合起来,在课程中适当运用,可收到良好的效果。角色扮演和心理剧表演,是通过特殊的戏剧化形式,让参加者扮演某种角色,以某种心理冲突情境下的自发表演为主,使学生把平时压抑的情绪通过表演释放出来,并学习处理人际关系的技巧和激发处理问题的灵感。

角色扮演时要尊重学生的自主性、自发性、即兴性,创造自由轻松的气氛,这样才能使学生减轻心理压力,认清自己的问题,培养自己适应大学生活的能力。在进行角色扮演时,教师要做好如下工作:①事前沟通,使学生有所了解,激发他们参与的热情;②说明情境，将能扮演的情境及其特征加以说明，并让学生有机会提问并提出建议；③让学生自愿选择角色，不是事先背好台词，到台上表演，而是面对一种生活情景时，把自己的真情实感再现出来，即兴表演，当场发挥；④表演结束后组织学生共同讨论，最后进行总结。

(四)行为训练法

心理健康课程应以行为训练为重点，使学生有效地实现从知到行的转换。行为训练是以行为学习理论为指导，通过特定的程序，学习并强化适应的行为、纠正并消除不适应行为的一种心理咨询与治疗方法。例如，针对一部分学生存在着自卑、胆怯、自信心严重不足等问题，可以对他们进行自信心培养训练。训练方法如下。

(1) 在课堂上给每个学生5分钟时间，让学生走上讲台，大声向同学介绍自己的性格、兴趣、爱好、特长等，尽量介绍自己的优点与长处，要求不能少于15～20条优点。

(2) 创设一些情境，例如，别人随意占用你的时间，令你觉得无法支配自己，你该如何表达你的想法；同伴要求你陪他参加你不喜欢的活动，你该如何拒绝；当一位异性向你表达爱慕之意并提出与你交朋友时，你根本没有这种想法，怎样谢绝对方。训练时把学生分成小组，鼓励不自信的学生向对方清楚地说出"不"，让学生学会拒绝。

第三节　我国学校心理健康教育的现状与未来

一、心理健康教育的现状

长期以来，以知识本位为特征的课程思想一度占主体和核心地位，过分强调学科体系的形式化，而忽视了人文精神、文化素养的陶冶，没有把人格的完美发展作为课程建设的重要目标。"应试教育"模式影响了心理健康教育课程的开展、实施。就目前来看，通过课程的形式开展心理健康教育呈现以下特点。

(1) 大部分省市、学校开设了心理健康教育课程，并配有心理健康教育教师，在发展速度上城市快于农村。

(2) 从心理健康教育课程的教学方法来看，其方式主要有两种：一是以活动为主，以学生为中心，让学生在活动中接受知识；另一种是以讲授为主的教学模式，即在传播知识的过程中，以教师为主、以知识为主，让学生直接获得必要的心理学知识，培养学生良好的心理品质。

(3) 从课程的实施来看，主要是依赖地区教育部门和学校自发开展，受到教育者的观念、硬件和软件环境的影响。

(4) 由于心理健康教育课程是一个地方性课程，没有国家统一规定的教材。为了使心理健康教育活动有计划、有系统、易操作，各地根据心理健康教育的目标与中小学生容易出现的心理问题，编制了相应的教材和参考书。

(5) 对心理健康教育课程的评价没有统一的标准，在实际中很难操作。

二、心理健康教育存在的问题

学校心理健康教育课程作为一门新的课程，在我国的历史短暂，经验不足，因而也存在不少问题，主要表现为以下几个方面。

(一)学校管理存在的问题

有关部门的领导或学校的校长对心理健康教育的作用和意义缺乏深入了解，虽然近几年有教育政策导向，认识到应试教育的不足，提出了素质教育，以提高学生的心理素质，但现行的应试教育使他们疲于应付中考、高考和各种各样的考试，无暇顾及学生的心理健康，使心理健康教育难以推广到应有的程度。不少学校把心理健康教育课程当作"摆设"，为的只是应付各种检查。正如有人所说，"上级检查时重要，平常教学时次要，抓统考升学时不要"，课时得不到保障。有的学校虽然把心理健康教育纳入学校教育之中，认为有开课的必要，但是在具体落实课时的时候，往往忽略它，把它放在可有可无的位置，这是心理健康教育课程实施中最大的困难之一。

(二)教材存在的问题

(1) 在教材价值取向上的偏差。一些心理健康教育的教材价值取向是学科本位的或社会本位的，这种教材可以说把什么都考虑到了、考虑好了，唯独忽视了学生作为真正意义上的人的存在价值。这种"无儿童"的心理健康教育教材摆不准学生在心理健康教育课程中的主体地位，忽视一切为了学生的心理成长这一基本主题，严重压抑了学生心理发展的主体性，阻碍了学生个性的健康发展。

(2) 在教材基本内容上的失重。有的心理健康教育教材内容随意性大，呈现出无序状态，过于强调中小学生非智能心理素质的培养和人性发展目标的实现，而忽视了智能素质的培养和心理潜能的开发。相当一部分心理健康教育教材编写的状况是"匆匆上马，急急推出，草草收场，皆大欢喜"。

(3) 在教材个性特色上的缺失。为数不少的心理健康教育教材套用一般教科书的写作路子，没能实现科学性、实用性和可操作性的有机统一，忽略了突出中小学生的活动、体验与践行，缺乏灵活性与开放性，缺少心理健康教育教材本应具有的"个性"与特色。

(三)课程目标、内容存在的问题

目前心理健康教育课程设计中，过于理想化倾向比较普遍。理想化倾向表现为，从课程目标来看，有些目标过于理想，有些目标过于空泛，不太符合中小学生的实际状况。如"学生正确认识自我，增强调控自我、承受挫折、适应环境的能力。培养学生健全的人格和良好的心理品质，对少数有心理困扰或心理障碍的学生，给予科学有效的心理咨询和辅导，使他们尽快摆脱障碍，提高心理健康水平，增强自我教育能力"等提法，作为心理健康教育的一般目标无可厚非，但没有体现出目标的行为化、具体化和操作化。而课程内容的选择是根据课程特定的教育价值观及相应的课程目标，从学科知识、当代社会生活经验或学习者的经验中选择课程要素的过程。目前中小学心理健康教育的内容主要注重心理学学科知识，中小学心理健康教育内容的选择拘泥于心理学学科知识的选择，忽视了选择适应当代社会生活的经验和使中小学生获得心理体验的各种文化。

(四)评价存在的问题

目前中小学心理健康教育课程评价缺乏理论指导，使评价在实际操作中比较混乱。心理健康教育课程用考试的定量方法来评价，是难以反映学生心理健康水平的。因为考试只能看出学生掌握心理学知识的程度，而学生了解了这门知识，了解了心理发展与变化的规律，并不能等同于心理健康水平就提高了。所以单靠考试等定量的方法不足以评价心理健康课程实施的效果。心理健康教育课程评价的内容涉及学生行为的改变，包括个人的动机、态度、兴趣、自我观念、思想等。一般来说，个体的心理通过行为表现出来，我们通过观察个体的行为，可以了解他的心理特质。但是有时候却未必如此。如有的人心里想的和口里说的不一样，有的人说的是一套，做的又是一套。评价工作是一项艰苦而又长期的工作，要把评价工作做好，需要花人力、物力和时间，而目前学校心理健康教育的教师奇缺，资金有限，时间也不够，这给心理健康教育课程评价工作带来了困难，使评价工作仅仅停留在表面上，如设备、经费、辅导人员素质等的评价，或者学生自助作业的收集，等等。

三、心理健康教育课程的未来发展

(一)重视心理健康教育课程的建设

社会及教育部门需要制定相应的制度来保障心理健康教育课程的开展。应将心理健康教育纳入国家法规，使心理健康教育课程系统化和规范化。学校对心理健康教育课程的管理，首先体现在保障心理健康教育课程课时方面，《中小学心理健康教育指导纲要》指出："课时可在地方课程或学校课程时间中安排。"学校领导对开设心理健康教育课的意义的认识、重视程度以及合理的制度是课时保障的重要条件。学校管理层应根据本校的实际情况，选定或组织编制符合本校学生实际情况的教学大纲和参考教材。

(二)体现学生的主体性

在教材编写指导思想上，应凸显"以人为本、全面发展"的价值理念。心理健康教育的根本问题是人的心理问题，心理健康教育的功能理所当然应直指人的心理成长、发展与自我实现，因而教材的建设不应当是"物本"的，而应当是"以人为本"的。把人视为自身心理发展与建设的主人，把人的主体性发展作为"目的"而不是手段，一切从人的心理需求出发,一切为了人的心理健全发展,一切服务于人的心理潜能开发,一切着眼于人的全面发展,重视人的生命和生活,关怀人的价值和使命,关照人的精神和信仰,真正确立"人"在我国心理健康教育教材建设中的中心地位。在教材内容的选择上,要坚持以"实"为本,即联系实际、体现实用、突出实践、注重实效。根据不同年龄阶段学生心理发展的特征和心理健康教育的阶段目标来确定合理的教材内容。在教材编写的组织上,宜采取"多元优化、积极整合"的策略。我国中小学心理健康教育教材建设应以心理化取向为基础,以教育化取向为主干,以生活化、问题化取向为依托,建构整合化、网络式的心理健康教育教材编写趋向。

(三)注重课程的可操作化

心理健康教育课程目标的可操作性,是指在目标明确的基础上,将目标化为可以观察评定的和可以训练培养的行为特征。我们不能泛泛地将"完善自我,培养高尚的情操、健康的心理"作为心理健康教育课程的单元目标或课时目标,而应该把这些抽象的、笼统的概念具体化,把行为目标作为单元目标的细节,从而真正强调以学生发展为本,目标集中指向学生心理的健康发展。在这种目标价值观的引领下,课程应当提供适当的心理情境,使学生在情境中获得积极的、愉快的心理体验,并由此滋生出积极的个人心理意义。课程内容应强调与学生生活相适应,以促进学生在学校的成长;注重与社会生活相适应,以满足学生未来发展的需要;强调学生的自我教育,关注学生的自主发展和健康心理的自我构建。

(四)倡导评价的全面性

心理健康教育课程的绩效具有内隐性、长期性、个人化等特点,很难像其他学科一样制定硬性、统一的考核评估标准。心理健康教育课程的成效主要反映在学生身上,因此对学生的评价是一个重点。从学生内部看,学生的心理是一个有机的整体,知、情、意、行是密切联系在一起的,是由心理过程、心理状态和个性心理特征交互影响而产生的结果,"学生的心理状况与他的整个人生观、世界观、价值观也有密切联系,生理因素和心理因素也相互作用、密不可分"。只有对学生进行全面综合的评价,才能真实地反映出他们在此阶段的心理健康教育状况和精神面貌。对人的心理无法进行直接测量,只能对人的外显行为进行测量。通过一个人外显行为的测量或观察来推断其心理品质及心理结构的形成情况,从而了解其心理状况。

第四节 各年龄段心理健康课主题实例

2016年,22部委联合发文《关于加强心理健康服务的指导意见》,明确提出全面加强儿童、青少年心理健康教育。学前教育机构应当关注和满足儿童、青少年心理发展需要,保持儿童、青少年积极的情绪状态，让儿童、青少年感受到尊重和接纳。特殊教育机构要针对学生身心特点开展心理健康教育，注重培养学生自尊、自信、自强、自立的心理品质。中小学校要重视学生的心理健康教育，培养积极乐观、健康向上的心理品质，促进学生身心可持续发展。高等院校要积极开设心理健康教育课程，开展心理健康教育活动；重视提升大学生的心理调适能力，保持良好的适应能力，重视自杀预防，开展心理危机干预。

中小学校着重培养学生的积极品质，高等院校重在提高学生的心理适应能力。为贯彻落实这一方针，我们尝试拟出小学、中学、高职大学三个学段的课程大纲，以供教师参考。

一、小学阶段

一年级上学期

环境适应：我的新朋友

情绪管理：我的心情娃娃

人际交往：我们的农场(班级建设)

学习能力：小耳朵竖起来

生命教育：身体红绿灯(性健康教育——保护自己的隐私)

一年级下学期

情绪管理：我真的生气啦！

人际交往：彩虹色的花

自我接纳：我喜欢我的……

学习能力：小眼睛动起来

生命教育：X+Y(性健康教育——男孩女孩不一样)

二年级上学期

情绪管理：不是我的错(委屈)

人际交往：我不喜欢(学会拒绝)

自我接纳：我的自画像

学习能力：谁是背诵王(有效记忆)

生命教育：圆圆的肚脐

二年级下学期

情绪管理：唉！(沮丧)

人际交往：南瓜汤(合作与分享)

自我接纳：我爱我自己

学习能力：我的一天(时间管理)

生命教育：我的出生日记(性健康教育——我从哪里来)

三年级上学期

情绪管理：第五个(恐惧)

人际交往：成长树(班级建设)

自我接纳：戴高帽

学习能力：兴趣小老师

生命教育：我也会长大(性健康教育——我的成长)

三年级下学期

情绪管理：我真的不是故意的(内疚)

人际交往：小老鼠裁缝店(合作)

自我接纳：自信的阿凡提(提高自信)

学习能力：最后一颗糖豆(自制力)

四年级上学期

情绪管理：我该怎么办？(担心)

人际交往：我该怎么说？(沟通——表达)

自我接纳：感谢我的……(身体的外在部分)

学习能力：创造性：小金鱼的故事

生命教育：家族相簿(预防性侵害)

四年级下学期

环境适应：成长三部曲(抗挫折)

情绪管理：别惹我(愤怒 1)

人际交往：倾听魔法师(倾听)

自我接纳：我的身体拼图(接纳自己的身体器官部分)

学习能力：我和我的大脑

生命教育：神奇的身体(性健康教育——青春前期的身体变化)

五年级上学期

情绪管理：黑色炸弹(愤怒 2)

人际交往：用爱心说实话(有效表达及班级建设)

自我接纳：我就是我(内在自我人格)

生命教育：身体的悄悄话(青春期的生理变化)

五年级下学期

情绪管理：没人喜欢我(伤心)

人际交往：别人眼中的我(集体中的角色意识)

自我接纳：生命的树叶(认识自我独特性)

生命教育：毛毛虫变蝴蝶(性别角色)

六年级上学期

情绪管理：压力密码

人际交往：原来你也在这里(班级建设、归属感)

自我接纳：寻找我的彩虹桥(自己的特质)

生命教育：网络上有什么？(媒体中的性信息)

六年级下学期

情绪管理：与焦虑共舞

人际交往：谁是你的心灵捕手(处理离别)

自我接纳：生命的色彩(毕业礼：多少年以后)

生命教育：青苹果乐园(青春期的心理变化)

二、中学阶段

(一)按目标分类

1. 关系学习篇

第一讲 好爸爸、坏爸爸

第二讲 自我与重要他人

第三讲 用自己的态度讲述同学的故事

第四讲 发现背后的自己——和影子对话

第五讲 给我挫折的贵人

第六讲 心底的玫瑰等待谁？

第七讲 学校与我的脸谱(与校规 PK)

第八讲 我在友情剧场中

2. 情绪、压力管理篇

第一讲 和情绪相遇——狭路相逢勇者胜

第二讲 控制与接纳——与情绪相处

第三讲 压力的十个外号

第四讲 情绪树——开花不结果

第五讲 情绪脸谱——昨天、今天和明天

第六讲 面对失败(挫折)

第七讲 缓解考试压力

第八讲 面对恐惧

第九讲 学会融入团队

第十讲 在团队中成长

3. 人格成长篇

第一讲　我是谁——自我关系图

第二讲　自恋与自卑，比一比谁最听话

第三讲　水缸的故事——接纳自我的四个步骤

第四讲　柔与刚，自由与责任

第五讲　十八岁，我的成人礼

第六讲　我的心理宝藏，发现优点

第七讲　(人生规划)人生辅导、发展指南；我能做什么、我应做什么；我的理想、我的未来；做好人生规划、把握人生机遇；面对人生的种种挫折

第八讲　择业辅导：如何推销你自己；职业能力的自我测定；发展前程、人生目标；我的爱好特长；面试的技巧；升学与择业；准确评估自己、适当推销自己。

(二)按年级分类

1. 初一年级

(1) 适应环境：新环境、新学习、新生活；驾驭中学的学习生活；管理自己、控制行为；把握自己、独立生活。

(2) 自信心理：克服自闭、排除自卑；敞开我的心扉；培养自信、实现自我；从自卑走向自信；自信心理的认知。

(3) 情绪意志：了解情感、调节情感；做一个快乐的人；做情感的主人；认识情绪、调节情绪；合理宣泄情绪；认识情绪、做情绪的"主人"。

(4) 学习方式：注意力与记忆力；学习方法与技巧；为自己的学习找寻心理学方法；注意学习方法。

(5) 自我价值：众人拾柴火焰高；天生我材必有用；我的存在、我的价值；如何实现自我价值；如何体现自我价值。

(6) 个性修养：消除犟脾气、养成好性格；良好个性、良好养成；做一个有教养、好修养的人；魅力真我个性；个性品质的形成；塑造健康的个性心理品质；分析不良的个性品质；品味你我不同的个性。

2. 初二年级

(1) 青春期心理：接纳青春、拥抱青春；青春期的生理心理；了解青春期、认识青春期；青春期心理卫生；度过青春期；青春期情绪控制；青春期男女生交往。

(2) 异性交往：友情与爱情；男生女生的交往；交往道德、交往责任；沟通能力、交往技巧；学会换位思考；处理人际冲突。

(3) 亲子关系：与父母长辈沟通；尊重长辈、孝敬父母；家庭成员、家庭责任；学会正确地与父母沟通；正确地对待父母的责骂；我一定能让父母过上幸福生活。

（4）学习品质：养成良好的学习品质；如何提高学习品质；关于学习心理；学习的精神生活；勤奋、严谨、好学。

（5）行为习惯：养成良好的行为习惯；注意作息时间、养成良好习惯；良好习惯、文明行为；克服散漫行为，保持良好形象。

3. 初三年级

（1）自我意识：客观全面地"评价自己"；自我认识与自我意识；认识自我与欣赏自我；自我评价与自我超越；审视自我。

（2）个性人格：什么是健全人格；自重、自爱、自尊、自立；人生的知识能力与个性品质；尊重他人就是尊重自己；理性的情感、修心的个性；个性漫谈；受你我欢迎的个性品质；个性特点描述。

（3）意志品质：知识是力量的源泉；坚持就是胜利；坚韧不拔、永远进击；磨炼自己；意志的魅力；"意"比金坚、"志"在足下；意志品质与自控能力。

（4）升学准备：我的未来不是梦；向往新生活；面向竞争、迎接挑战；人生规划；进取与奋斗；一腔热血、两种准备；高中，我来了；未来一定更美好。

4. 高一年级

（1）适应学习：适应高中学习生活；学习目标与发展计划；掌握学习方法；找到适合自己的学习方法；高中新生活。

（2）竞争合作：竞争与合作；理解他人、欣赏自我；竞争对手、合作伙伴；激烈竞争、永恒合作。

（3）责任感：学会负责、勇于负责；为自己负责、为他人负责；角色与责任；社会责任感；我的行为、我的责任。

（4）使命感：国家命运系我心；我是未来的社会建设者；人生·目标·使命；国家有难、匹夫有责；我是时代的主人；不要忘记使命感；我是谁、为了谁。

（5）价值体现：发展自我、体现价值；是金子，定能发光；精诚所至、金石为开；为家国社情去体现价值。

5. 高二年级

（1）学习方式：善于思考、善于学习；善教者、善学者；使自己的大脑活跃起来。

（2）潜能开发：创造性学习与发展性目标；增长智慧、开发潜能；时间的分配、运用与管理。

（3）意志磨炼：战胜失败、磨炼意志；面对压力、面对困难；挫折与失败；意志磨炼之宝；意志与毅力的作用；意志——成功的基石；意志——力量的源泉；意志——战胜困难的利剑；钢铁是这样炼成的；磨意志利剑、砍人生困难。

（4）驾驭人生：面对人生、驾驭人生；用良好心态看待人生；喜怒哀乐、人生五味；

承受人生的一切；人生是什么、应该接受什么；波折与人生；学会看人生的光明。

6. 高三年级

(1) 应对高考：掌握系统学习规律；学习方法、学习技巧；把握"高三" 把握"成功"；如何调节应试情绪；系统脱敏、压力松弛；压力人人有、自信唯我有。

(2) 人生规划：人生发展计划；人生辅导、发展指南；我能做什么、我应做什么；我的理想、我的未来；做好人生规划、把握人生机遇；面对人生的种种挫折。

(3) 择业辅导：如何推销你自己；你准备好了吗？职业能力的自我测定；发展前程、人生目标；我的爱好特长；面试的技巧；升学与择业；准确评估自己、适当推销自己。

(4) 适应社会：关心社会、奉献社会；适应社会、报效社会；告别母校、迈向人生；报答母校、报效社会；面对未来、面向成功；怎样提高社会适应能力。

三、高职大学阶段

1. 新生入学适应篇

第一讲 相逢是缘——融入集体

第二讲 我愿意听你说——接纳别人

第三讲 今天我没带手机——时间管理

第四讲 我的未来不是梦——目标设定

2. 自我成长篇

第一讲 生命中的贵人——感恩

第二讲 为你画像——沟通

第三讲 找眼睛——克服自卑

第四讲 动物园——合作

第五讲 桃花朵朵开——情绪管理

第六讲 穿马甲—— 贫困是财富

第七讲 丘比特的箭——恋爱

第八讲 亚当与夏娃的故事——性

第九讲 生命中的"贵人"——挫折

第十讲 乌龟的启示——意志力

3. 人生规划篇

第一讲 我要什么——必须思考的事(生命线)

第二讲 我是什么——必须正视的事(我是一棵小树)

第三讲 选好人生第一张多米诺骨牌——必须尝试的事

第四讲　善假于物也——必须重视的事
第五讲　破茧成蝶中——必须忽视的事
第六讲　让优秀成为一种习惯

第五节　学校心理危机干预

一、学校心理危机干预的定义

心理危机干预是指运用心理学、心理咨询学、心理健康教育学等方面的理论与技术对处于心理危机状态的个人或人群进行有目的、有计划、全方位的心理指导、心理辅导或心理咨询，以帮助平衡其已严重失衡的心理状态，调节其冲突性的行为，降低、减轻或消除可能出现的对人和社会的危害。

学校心理危机干预是指建立在学校教育和学校管理基础上的心理危机干预。学校心理危机干预的范围通常是在校园内发生的重大恶性事件。学校心理危机干预的对象主要是在学校学习的学生、教师和管理人员。

参与学校心理危机干预的成员主要是学校教育的管理者、学校心理健康教育教师、与学校教育相关的教育专家和心理专家，以及高级心理咨询师、医务人员、社会安全保障人员(公安、法律、消防等)和社区工作者等。

二、学校心理危机干预系统

学校心理危机干预有三个方面的子系统：学校心理危机干预的预警系统、学校心理危机干预的应急系统、学校心理危机干预的维护系统。

学校心理危机干预的首要任务就是积极预防在学校管理范围内重大恶性事件的发生。该系统要能在尽可能早的时间内预警可能出现的冲突性事件并能及时给予疏导，要能对学校管理范围内的有心理危机倾向的高危学生、教师或人群进行必要的监控和疏导。

(一)预警系统

学校心理危机预警系统组成部分：心理健康测量和心理健康档案；学生团队中的"心理互助员"；班主任队伍和学校团队、学生会工作者；学校心理健康教育教师；心理健康教育活动系列(以发展性心理辅导为主)。

(二)应急系统

学校心理危机干预的主要任务是：当在学校管理范围内发生重大恶性事件(如自然灾害、灾难性事故、传染性疾病、暴力冲突、自杀自残自虐等)时，学校心理危机干预应急系统要能及时、有效地与负责危机干预的其他系统(如教育管理、公共安全、医疗卫生、社会工作等)进行合作,有计划、有步骤地对事件当事人或人群进行心理干预,同时协助有关部门对与当事人或人群相关的人群(同学、教师)和亲属人群(家长、亲戚)提供科学有效的心理援助和心理辅导。学校心理危机干预的应急系统包括领导指挥组、专家指导组、专业工作组。

1. 领导指挥组

领导指挥组的责任是:在事件现场领导和实施对当事人或人群进行心理危机干预;负责协调与其他危机干预系统(如管理、公安、交通、卫生、消防等)的各种关系。

领导指挥组的负责人应由教育系统领导和学校负责人组成,他们应该接受过心理健康教育、心理咨询、心理危机干预等方面的理论与技术的培训。学校心理危机干预应急系统的领导指挥小组可在县(市、区)级教育主管部门设立。领导指挥组的成员应包括心理健康教育专家、有高级职称的心理健康教育教师、有高级职称的学校医务人员等。

2. 专家指导组

专家指导组由上级心理健康教育指导中心派出的专家和危机管理人员组成。

专家指导组的任务是:对现场从事心理危机干预的指挥领导人员、心理健康教育教师、学校医务人员等提供心理危机干预方面的技术指导和监督;在必要时,直接进行现场干预;对心理危机干预效果进行现场评估;收集和整理与当事人或人群相关的心理健康资料、与心理危机干预操作过程相关的资料;对事件发生后的维护性心理危机干预提供方案或建议;为上级教育管理部门和心理健康教育指导中心提供与事件相关的心理危机干预专项研究报告。

3. 专业工作组

专业工作组的责任是在事件现场对当事人或人群开展心理危机干预、提供心理援助和心理疏导。专业工作组的工作人员主要由本校的和本地区(或本学区)的学校心理健康教育专职(兼职)教师、已获得心理健康教育教师上岗资格证书的教师组成。

专业工作组还可以下设临时性工作小组,分别负责为事件现场外围的人或人群(同学、教师、家长)提供适当的心理援助和疏导。这些小组的成员可以由接受过专门心理健康教育培训的学校德育工作者、班主任和教师中的骨干教师、团队学生会干部、学生中的"心理互助员"等组成。

(三)维护系统

学校心理危机干预的维护系统是指在重大恶性事件发生后对当事人或人群,以及对与当事人或人群相关的人或人群提供补救性的、维护性的心理干预系统。

学校心理危机干预的维护系统的任务:在重大恶性事件发生时,心理危机干预人员无法到达现场,因而采取事后补救性的心理干预;重大恶性事件发生后,对当事人或当事人群的继续跟踪的、维护性的心理干预;重大恶性事件发生后,对与当事人相关的人或人群的维护性的心理干预。

学校心理危机干预的维护系统主要由领导指挥组、专业工作组、心理健康教育活动系列(以矫正性心理辅导为主)组成。

维护系统专业工作组人员构成与应急系统专业工作组人员构成基本相同，其任务也基本相同。在进行维护性心理干预时，专业工作组的一项重要任务就是要科学区分和鉴别出已患有比较严重心理疾病或心理障碍的人员，要及时向上一级心理健康专业工作者求助，或及时转介到当地医疗卫生部门。

三、学校心理危机干预的预案

有预案的危机应对是一种有组织的、有计划的、有准备的措施，这种应对措施可以有效地减轻由于危机的发生而对当事人产生的短期的和长期的影响。

自然性的反应行为是即时性的，而不是充分思考过的、有计划的、有准备的。因此，自然性的反应行为在危机应对中的效果是比较低的，而且更难适应学生、教职员工和学校管理者的长期心理变化的需要。

四、学校心理危机发生时师生的心理反应

人们对不同危机的反应方式和反应程度取决于大量不同的因素，这些因素包括个人的生活经历、个性特点、受危机影响的严重程度、离危机发生现场的远近程度、得到社会支持的程度以及危机干预的类型和质量等。

1. 师生可能有的共同反应

震惊、失去知觉；否认，或者对已发生的情景无法知觉；交往行为错乱——无动于衷、麻木不仁、表达不真实的感觉；思维混乱；行为混乱；难作决定；易受暗示。

2. 儿童的一些反应

行为退缩；恐惧和焦虑提高；学业表现下降和注意力下降；攻击性和敌对性行为增多；抗挫折能力下降；易怒性、情绪不稳定性、抑郁性的感觉提高；否定态度。

3. 不同年龄段师生的典型反应

理解不同个体在危机情景下的典型反应是区分是否需要进一步接受专业性帮助的关键。如果所辨别出的反应越多，说明越需要接受专业性心理支持。

学龄前儿童(1～5 岁)：吮吸手指；说话困难；尿床；食欲降低或增高；害怕黑暗；依恋和啜泣；对圆形物体无法控制；分离困难。

儿童(5～11 岁)：悲伤和哭叫；不愿上学；对身体抱怨(头痛)；注意力下降；容易发火；害怕自己受伤害；行为退化(如依恋、哭啼)；做噩梦；在学校或家庭里的侵犯性行为；尿床；焦虑和害怕；思维混乱；进食困难；退缩性行为、不愿与人交往；寻求他人注意。

青春初期少年(11~14岁)：睡眠困难；退缩性行为；不愿与同伴交往；食欲下降或上升；对活动失去兴趣；反叛性行为；一般性焦虑；学习困难(包括打架)；害怕个人受伤害；生理上失调(如内脏功能失调)；学习能力下降；抑郁；注意力集中困难。

青少年(14~18岁)：失去感觉；无法控制性地回想；睡眠困难；焦虑和内疚感；进食困难；注意力下降和注意力分散；心身疾病症状(如头痛)。反社会性行为(如偷窃)；冷漠；侵犯性行为；过度兴奋或兴奋度下降；学习能力降低；抑郁；伙伴冲突；退缩性行为；物质欲望提高；对异性的兴趣下降；月经不调或月经困难。

教师(成年人)：否认；各种分离的感觉；非意愿的、无法控制的回想；抑郁；注意力集中困难；焦虑；身心疾病反应；高度敏感；退缩性行为；饮食困难；烦躁、耐挫折力降低；睡眠困难；工作能力降低；对曾经喜爱的活动的兴趣降低；情绪疲劳和心理疲劳；情绪依赖；婚姻不合。

五、学校心理危机发生时班级教师的干预技巧

(1) 在获取与危机有关的各种事实，并得到校长准许说出这些事实的许可后，班级教师应该准确、诚实地向学生解释已经发生了什么。教师要用适合学生年龄和认知水平的方式向学生告知各种有关信息。

(2) 教师应当随时向学校里受过危机干预训练的人员(学校心理健康教育教师、学校管理工作者、学校心理辅导员)咨询如何有效地指导和处理学生在危机中的各种反应。

(3) 在表达自己的感觉和情绪方面，教师要积极地为学生作出榜样，并允许和引导学生用各种语言来表达他们正在经历的感觉，这对帮助学生面对危机情景常常是非常有效的。最重要的是，教师在帮助学生处理各种情绪反应时，自己是要始终保持对自我情绪的控制。儿童通常倾向于按照成年人对情景的反应来评价自己的反应。

(4) 当某个教师难以有效地发挥自己的功能来适应自己的学生时，学校的其他工作人员可以暂时替换这位教师，或者帮助这位教师。但是，无论采取哪一种做法，都应当始终让这位教师和他(她)的学生在一起。

(5) 教师对学生进行面对危机的教育是非常必要的。要向学生解释，他们在危机中的各种反应都可能是"对不正常情景的正常反应"。

(6) 教师应当给学生机会进行讨论，讨论他们正在经历的感觉，讨论他们对危机产生的各种反应。要帮助学生意识到，他们曾熟悉的环境已经受到威胁，他们的安全正在遭受破坏。要让学生明白，他们需要一起来讨论他们的感觉、分享他们的感觉。

(7) 当学生讨论他们的感觉时，教师需要认真听，要以同理心和心理支持的方式，不要加以任何批评或评价。在和学生交流时，教师要表达对学生的各种反应的理解。要让学生明白，他们的任何反应都是对不正常情景的正常反应。对不愿用语言来表达自己感觉的学生，要鼓励他们用语言说出来，但教师要避免用命令的方式让学生去说。

(8) 要给学生机会用其他交流方式来表达他们自己,特别要帮助那些不愿用语言表达自己感觉的学生。例如,可以用书写的方式;对年幼的孩子,也可以用画画的方式。

(9) 可以设计一些班级活动、各种作业或家庭作业来帮助和引导学生表达出对危机的反应。设计一些作业作为小组讨论的媒介是很有作用的,或许是最好的方法,尤其是在很多学生个体感到无助、感到脆弱的时候。

(10) 对那些与同伴相比表现出更强烈困难的学生,教师要始终保持警觉,因为他们或许需要更进一步的、更单独的个人心理危机干预。

(11) 教师可以向学生提出告诫,告诉他们正在经历着强烈的情绪波涛,他们正在接受如何有效地处理危机问题的训练(如可以向他人谈自己的感觉;可以向他人寻求心理支持)。

(12) 在危机发生后的一到六个星期里,对危机情景所产生的强烈情绪反应通常会逐渐被克服。前面所提到的各种长期性影响可能还需要若干星期或若干月才有可能消失。

(13) 有些学生可能在危机发生的情况下,或者在危机发生后的几天或几个星期中没有表现出对危机的反应。教师要对这些现象保持注意和警觉。有些学生或许会试图说服别人他们自己没有受到影响,然而,可能突然他们就会表现出某种强烈的情绪反应。

第八章　体验式团体教育模式下的班级建设

第一节　体验式家长会

一、家庭教育的重要性

人的教育是一项系统的教育工程，这里包含着家庭教育、社会教育、集体(托幼园所、学校)教育，三者相互关联且有机地结合在一起，相互影响、相互作用、相互制约，这项教育工程离开哪一项都不可能，但在这项系统工程之中，家庭教育是一切教育的基础。

苏联著名教育学家苏霍姆林斯基曾把儿童比作一块大理石，他说，把这块大理石塑造成一座雕像需要六位雕塑家：①家庭；②学校；③儿童所在的集体；④儿童本人；⑤书籍；⑥偶然出现的因素。从排列顺序上看，家庭被列在首位，可以看得出家庭在塑造儿童的过程中起到很重要的作用，在这位教育学家心中占据相当重要的地位。福禄贝尔说过："国家的命运与其说是掌握在当权者的手中，倒不如说是掌握在母亲的手中。"这句话很有哲理性，它深刻地挑明了家长在教育子女中所起到的作用。

我国自古以来就十分重视家庭教育，尤其在当下的社会可以说我们每个家庭都高度地关注孩子，但是方式方法如何？效果又怎样呢？我们屡屡从各种报道中看到青少年理想失落、道德失范、心理失衡等案例。作为教师，我们也能切身地感受到教育孩子，既是一门科学，也是一门艺术，作为家庭教育的主要承担者——家长，仅有良好的愿望和良好的动机，是无法达到预期的教育效果的。

最有效和最佳的途径就是：家长要加强学习，明确角色、提高素质、善用方法，自觉地做好孩子的家庭教育工作。可以说现在的每一个家庭都非常需要相应的家庭教育课程，为了满足这种需要，现在我们每一所学校都有相应的家长会和家长学校，但是我们客观地看到我们的家长会和家长学校并不能完全满足家庭教育的需求，而且因为家长会存在形式过于单一和只关注学生学习成绩等问题，使得很多家长会变成了告状会、批评会和演讲会。家长会过后是家长伤心、老师气愤、学生遭罪，所有的不良情绪都以互相责备和埋怨的方式表达出来，从而不仅没有很好地解决所要解决的问题，反而影响了师生关系、亲子关系、学校和家庭的关系。可以说，家长会面临着老师闹心、家长烦心、学生担心的尴尬境遇。

这里我们不仅会产生这样的疑问，家长需要什么形式的家长会？作为学校应该怎样科学地开展家长会？

二、体验式家长会

(一)体验式家长会的定义

体验式家长会是依据学生的成长需要和家庭教育需要,通过体验式心理教育技术,在团体动力的推动下,围绕教育主题而开展的体验、成长和学习活动。图 8-1 所示为体验式家长会中学生与家长互动。

图 8-1　体验式家长会中学生与家长互动

(二)体验式家长会的核心概念

1. 情境体验

体验就是把要学习的内容情境化和具象化,创设一定的体验情景,让每个家长都置身于情境之中,在体验场中感悟、领会和反思。我们现在的家长会多数是家长在听中学,而体验式家长会要求的是在做中学,这样印象深刻、效果突出,让家长成为家长会的主体。

2. 团体辅导

团体辅导被称为"神奇的圆圈",一群人围坐在一起,经过几次密集的互动,每个成员都产生一些积极的改变,更适应、更健康、更和谐。团体辅导的作用是帮助成员认识自己、理解他人、改善沟通,增强适应,排除困扰、提升能力,增进身心健康。团体辅导是一项专业的心理学知识和技能,尤其专业的理论和方法。体验式家长会借鉴团体辅导的理念和方法开展,在活动中要充分地体现平等、互动和表达。

3. "三位一体"

这里的"三位一体"一方面是培训内容中家长的心理资本建设、家庭教育理念和家庭教育技术这三部分内容整体化。首先开展的是家长心理资本建设,心理资本是指个体在成长和发展过程中表现出来的一种积极的心理状态,是超越人力资本和社会资本的一种核心心理要素,是促进个人成长和绩效提升的心理资源。人的发展、成功和幸福不仅需要环境和社会文化等,还需要充分认识和发掘个人内在的积极心理品质,可以说家长的心理资本决定着孩子的教育方向和教育效果。只有家长具备了良好的心理资本,家庭教育理念和家庭教育的学习才能收到成效。另一方面是在培训方式上通过成长工作坊、体验式培训和讲座交流这三种方式交叉结合进行,从而使培训更加科学化和系统化。

(三)体验式家长会的价值和意义

1. 让家长先成长,再学习

体验式家长会与我们平时开展的班会最大的不同就是它首先关注了家长的心理成长需要,我们经常说孩子的问题其实就是家长的问题。孩子刚来到这个世界,他什么都不懂,他对待生活中一切问题的方式都是从身边的人身上学习的。正如卢梭所说的那样:"我们对待别人的态度,最初是由别人对待我们的态度决定的。"孩子是从他的生活环境中学到的如何应对生活中各种事情的方式方法的。可以试想一下,一个消极悲观的家长怎么会培养出积极乐观的孩子,一个责任意识不强的家长怎么会培养出一个勇于担当的孩子?所以说对于一个乐观、自信、希望、自我效能感心理资本需要提升的家长掌握多少家庭教育理念和方法都不会有预期的教育效果。也就是说只有你人对了,你的世界才是对的。在我们以往的家长培训中,往往缺乏家长自身心理资本建设的内容,家长自身没有改变,而一味地去要求和教育孩子,结果往往是徒劳的。体验式家长会将给家长提供提升心里资本的各种培训,让家长们首先修正自己、成长自己,提升自己爱的能力,让自己的内心和谐和幸福起来,然后再进行教育方法和教育理念的学习。

2. 让家长通过成长和学习,成为自己和孩子的心灵导师

父母是孩子的保护者,更应该成为孩子心灵的守护者,孩子心灵的成长和需求虽然是不断变化的,但却是有规律的,这是一门科学,是需要学习和可以学习的。现在的每一位教师和家长都需要学习相应的心理学知识和技巧,如果一个家长懂得倾听和共情的技巧,就不会出现孩子的逆反;如果家长懂得积极关注和正确归因的技巧,就不会出现孩子的自卑和自负;如果家长懂得团体辅导的技巧,孩子就会懂得接纳、欣赏和尊重。

3. 有效改善亲子关系和家校关系,形成和谐的家校合作关系

通过体验式的家长会可以提升教师和家长的心理资本,改善教师和家长的关系,让教师和家长成为尊重与合作的朋友,家长成长了,家校关系和亲子关系和谐了,就能为孩子架起通往成才之路的桥梁。通过学校、教师、家长的共同努力,才能产生最大的教育合力,实现教育效益的最大化。

三、开设体验式家长会的要求

(一)学校方面

要给予高度的重视,要投入资金开展针对班主任的体验式家长会专题培训,并为班主任提供全方位的体验式家长会的操作指导。针对存在心理问题的家长,要给予专业的心理疏导。

(二)教师方面

1. 提升个人修养

普通个人修养包括真诚、关注、尊重、开放、同理心、亲和力、人性化、自我觉察的能力。教师如果再有流畅的表达能力,有全面的组织能力、有敏锐的观察能力等,这些个人修养的提升,将会事半功倍。

2. 掌握必要的个体咨询和团体辅导技术

1) 掌握团体基本技术

主动倾听:专注于沟通过程中的有关语言或非语言行为,且不作判断及评价。

重复:以稍稍不同的措辞,重述团体成员的话,以澄清其意思。

澄清:确定团队成员所想表达的信息、感受与想法的具体含义。

摘要:将互动过程中的重要信息,简要地进行综合归纳。

提问:通过提出问题,引起成员自我探索问题的内容以及解决的方法。

解释:对团体中某些行为、想法、感受提供适当的解释。

面质:对成员在团体中的语言、行动中表现出的困惑或矛盾加以挑战。

情感反映:反映成员的感受。

支持:提供鼓励和信任。

同理心:能站在成员的立场,将心比心体谅其感受及想法。

催化:在团体中以开放性或引导性的方法,协助成员朝团体的目标方向去探讨。

引发:在团体中引发行动,促使团体参与或介绍团体新的方向。

设定目标:引发团体参与,并具体确定团体的特点且有意义的目标。

评估:评估团体进行过程和团体中成员及其相互间的动力。

给予反馈:对于成员专注观察后给予真诚且具体的反馈。

建议:提出团体目标有关行为的信息、方向、意见及报告。

保护:保护成员在团体中不必过早地冒险。

开放自我:对于团体发生的事件,个人共享各自的感受或想法。

示范:通过行动,示范对团体适合的行为。

处理沉默：通过对语言与非语言沟通的观察，对于团体成员的沉默现象进行干预，促进团体成员的发展。

阻断：对于团体中无建设性的行为，以适当的方式加以阻止。

结束：以适当的方法，结束团体活动。

2) 巧用团体带领技术

设置团体规范：在体验式家长会开展之前和进行过程中合理有效地设置团体规范，是团体活动有效开展的前提和保证，设置不合理会造成要么气氛沉闷、要么秩序混乱的局面。团体规范公布后，如果成员在活动中没有遵照执行，教师要及时合理地予以干预，从而保证团体目标的顺利实施。

营造团体氛围：体验式家长会中要营造温暖、自然、流动的团体氛围，营造良好的和谐互动关系。教师要根据团体目标让场热起来，根据目标的不同创设适宜的温度，让成员在这样良好的氛围中能够互相信任，真诚地表达，得到充分的尊重，这本身就是一种很好的成长。

增强团体动力：团体动力要保持均衡，动力不均衡就会出现有些成员得到发展、有些成员没有得到发展的状况。为了达到动力均衡，教师通常会采取以点带面、以面带点和点面结合的不同动力模型。以点带面，就是用个体的成功经验或真诚的表达来带动其他成员。在课堂中个体积极变化对小组和班级带来影响就是以点带面的过程。以面带点，就是整个小组和班级积极变化带动其中个别成员也朝着积极方向改变。点面协作就是"点"的突出改变和"面"的整体推进的有机结合。"点"，可以突出重点，体现深度；"面"，可以顾及全局，体现广度。点面结合，是可以既有深度又有广度地反复交替地协作的过程。

运用体验式团体教育技术：体验式团体教育技术分为团体开始阶段技术、工作阶段技术和结束阶段技术(这方面内容已经在前面第三章有具体介绍，此处不再讲述。

把握角色技术：角色技术就是角色的三分之一技术，包括导师角色的三分之一，时而在前引领(讲解)，时而在后推动，时而陪伴在学生左右；教学过程的三分之一，即讲解、体验、分享各占三分之一；成员角色的三分之一，即在情境中体验、听教师讲解、进行表达和分享各占三分之一；教学动力过程的三分之一，即成员个人、小组、团体。

在体验式家长会中，教师根据目标的需要可以自己制作技术，技术的制作要遵循一定的考量因素。

(三)家长方面

家长参加体验式家长会需要遵循的原则包括以下几个。

参与原则：全身心地投入到活动之中，积极参与体验和分享。

尊重的原则：学会尊重成员、教师及工作人员。

倾听的原则：在活动中学会倾听别人的内心表达，这本身就是一种成长的过程。

保密的原则：有时在这样的家长会中可能涉及个人隐私，需要学会保密。

投入和收获成正比的原则：投入越多，收获越大。

(四)物理空间的要求和相关设置

体验式家长会对活动场地是有一定要求的，要保证场地的温馨、封闭，空间大小适宜(要能满足全体成员能够围坐一圈)，一般根据参与人数的情况要求空间相对较大的环境，最好地上能铺有泡沫或地毯等，让家长脱掉鞋，这样有利于学生放松心情、打开情绪，更好地参与到体验活动中。时间一般为 90~120 分钟。根据活动的主题有时需要准备一些东西，如白纸、剪子、透明胶等。一般需要投影仪、音响、无线麦克风等常用的一些东西。

第二节　体验式家长会的实施方案与点评

体验式家长会分为家长成长工作坊和体验式团体教育两种形式。

一、家长成长工作坊方案设计

工作坊时间根据目标可以是 1~5 天，成员人数为 10~50 人。工作坊一般是封闭式，成员自愿参加，由心理学方面的专业人员带领。

家长心理资本建设优化工作坊方案设计

设计理念： 依据团体动力学理论，通过建立良好的集体心理教育氛围和助益性的人际关系，促进个体成员认识自我、接纳自我、完善自我，同时改善与他人的关系，学习积极的态度和行为方式，有效地提高家长对心理问题的认知水准，从而疏导和预防真的心理障碍，完善其个性，提高幸福指数和团队凝聚力。

方案目标

1. 提高家长自身的心理资本。
2. 改善家长的心理条件。

方案设置与匹配

1. 地点：训练室(温馨、封闭、地毯、A4 纸、彩笔、音响)。
2. 成员：家长。
3. 时间：3 天。

方案评估

活动前问卷调查，活动中教师及时评价，活动后问卷调查反馈，并对部分成员跟踪调查，方案设计如表 8-1 所示。

方案设计

方案设计见表 8-1。

表 8-1 方案设计

单元	主题	阶段	过程	目标	操作技术
第一单元	内在小孩成长	准备阶段	订立契约 引导成员说出自己的目标 澄清成员目标	订立团体契约 明确团体目标和个人目标	此时此地技术 澄清技术 头脑风暴
		操作阶段	发现小孩	建立信任的团体氛围 让成员理解内在小孩的存在 发现自我内在小孩与当下自我的关系	心灵感应大循环，成员寻找帮助自己完成目标的伙伴
			与内在小孩对话	体验内在小孩与自己的相处模式 体验内在小孩的情绪情感，给他一个充分表达自己的机会 外在自我对内在小孩的接纳的表达探索内在和外在自我平衡、和谐相处的方式	寻找内在小孩，体验内在小孩的存在，寄托于石头，为小孩起名字 小小动物园，放弃习惯性的语言 通过模仿动物的形态、动作和其他成员互动
			内在与外在统一	重建外在自我与内在自我的相处模式 在体会内在小孩的感受上，珍惜和爱惜自己	选出1~3个主角分享自己与石头的对话，通过团体的力量处理个别成员的心理创伤，小组成员分享 写给今天的自己的一封信，小组成员分享 衣服裤子大反穿 告别和内在自我相处的模式 同唱一首歌
第二单元	生命中的重要他人	准备阶段	教师讲解成为一个人的过程	了解父母对孩子的影响 了解夫妻相处模式 了解亲子相处模式	讲解
		操作阶段	家庭故事会	绘制我的家庭树 梳理创作自己的家庭故事 小组分享自己的家庭故事 每个小组推选出一名，家庭研究生班成员	绘画治疗 故事分享 合理干预

续表

单元	主题	阶段	过程	目标	操作技术
第二单元	生命中的重要他人	操作阶段	研究生的个案处理	研究生分享自己的家庭故事 各小组用表达性艺术治疗的方式帮助主角	表达性艺术治疗的各种技术 教师试进行个案处理和危机干预
第三单元	团队关系	准备阶段	教师讲解个人与集体的关系	帮助成员认识投射和投射认同	讲解 体验 分享
		操作阶段	英雄群侠畅谈会	从金庸小说中选出一个角色,找出与自己有相似的地方,也可以选择历史人物或其他小说人物 与成员分享选择该人物的原因 教师小结引导成员体会自己与该人物的相似之处,理解投射与投射认同	故事分享 合理干预
			团队关系大体验	分组讨论师生关系、生生关系、领导与教师关系,各小组设计典型情景进行排练 小组表演情景剧 成员交流分享	情景表演 导师合理干预和澄清
		结束阶段	共绘蓝图 同唱一首歌	小组内全体成员共绘一张美好未来的蓝图 以小组为单位共同学习一首歌,并表演	表达性艺术治疗技术

二、体验式家长会团体方案设计

时间根据目标可以是1~2个小时,成员人数为30~100人,团体一般是封闭式,成员自愿参加,由经过培训学习的班主任、心理辅导老师或学校德育管理人员开展。

方案一 体验式团体教育模式家长会
——爱需要沟通, 爱需要表达

设计理念

随着青春期的到来,学生独立意识增强,父母由于没有及时调整教养方式,对孩子缺乏足够的尊重。当强烈的独立意识和父母的过多关爱发生冲撞时,孩子往往以逆反行为表

示自己的独立,从而导致孩子对父母为他们所做的一切,不能体会为爱,反而当成是负担,不懂得珍惜和感恩。理解是改善亲子关系的第一步,通过本次活动让孩子理解父母的爱,并懂得珍惜和感恩。

方案目标

增强孩子对父母的理解,懂得珍惜父母的爱,从而改善亲子关系。

方案评估

活动前问卷调查,活动中导师及时评价,活动后问卷调查反馈,并对部分成员跟踪调查。为第二堂课设计作准备。

方案设计

教师:尊敬的各位家长,亲爱的同学们,大家好,真诚沟通,心灵交流,欢迎大家来到心灵课堂。我来自呼伦贝尔大草原,特别荣幸今天能有机会在这里与八年级某班的全体同学和家长们一起体验、一起成长。今天我们体验式家长会的主题是"爱需要沟通,爱需要表达",在接下来的两个小时的时间里,从老师做起,我们120名成员将共同体验、分享和成长。为了让我们的团体目标最大化地实现,下面对团体规范进行一下说明,要求做到:①相互尊重;②注意倾听;③积极参与;④认真思考。同学们能做到吗?如果可以就用有节奏的掌声表达你的态度。好,下面就开始我们今天的体验成长之旅,如表8-2所示。

表8-2 团体方案

时间	活动名称	活动目的	活动内容
10分钟	主动出击	热身,增进团体气氛,体验主动沟通	(1) 在三分钟时间里,孩子把自己的家长介绍给至少三位同学或家长认识,要求记住名字,家长和孩子可以自由走动 (2) 三分钟之后,导师喊停,家长和孩子站在自己所在的位置,并安静下来 (3) 导师现场检验任务完成情况并分享感受 (4) 孩子和家长在体验中要积极主动地完成任务 (5) 分享时要积极表达、认真倾听 (6) 三分钟体验后,教师找出三对亲子检验任务完成情况,让孩子和家长站在中间,认识他的孩子或家长站在他们的后面,要求站出来的家长或学生写出他们认识的家长的名字,正确者才是认识成功。达成目标的掌声鼓励,并分享
40分钟	情景体验	体验沟通,掌握沟通技巧,增强沟通和表达能力,改善亲子关系	(1) 快速完成分组,五分钟进行小组建设 (2) 教师:播放有关家庭教育视频 (3) 组长带领全组成员在10分钟内共同讨论交流分享 (4) 沟通满意度测量:家长和孩子都认真思考一下,给自己和家长或孩子的沟通满意度打一个分数 (5) 家长和孩子面对面坐好,看一下对方的分数,此时你的感受如何?认真体会一下,交流分享 (6) 现场采访家长和孩子,分享感受

续表

时间	活动名称	活动目的	活动内容
40分钟	情景体验	体验沟通，掌握沟通技巧，增强沟通和表达能力，改善亲子关系	(7) 教师引导孩子和家长思考：在这样的过程中你发现了什么，最大的感受是什么，你打算如何更好地和孩子或父母沟通 (8) 孩子和家长共同商讨制定出双方沟通满意度提高措施，家长和孩子大声读出自己的提高措施 (9) 家长和孩子再一次给自己的沟通满意度打分，一对一分享一下分数变化的原因。教师引导3～5个成员集体分享 (10) 教师引导成员冥想，我的幸福家庭，播放《相亲相爱一家人》引导感恩，互助互爱
5分钟	彼此感恩、致谢	温暖团体气氛，进行情感升华	教师总结：自我承诺，我在沟通方面作出如下承诺，教师布置作业，每周内要主动与孩子有效地沟通，真诚地表达会让我们的家庭和班级更加温暖，会让我们每个人更加快乐。期待我们的孩子有更大的进步，期待我们每一位家长和孩子共同成长。感谢各位家长，感谢同学们，期待再相逢

方案二　体验式团体教育模式家长会——我想对你说

设计理念

作为青年初期的高中生，正处在从幼稚的儿童期向成熟的青年期过渡的时期，在这一时期，高中生的生理发展迅速，而心理发展却相对落后于生理发展，他们在理智、情感、道德和社交等方面，都还未达到成熟的指标，还处在人格化的过程中。他们这一时期的心理发展出现的不平衡性、自主性、闭锁性等特点，使他们和父母的交流、沟通不畅，关系不和谐，甚至有冲突。所以，想要通过召开这次家长会达到父母和孩子之间很好的交流，使他们相互理解，相互包容，重新找回曾经拥有的那份和谐和快乐。

方案目标

学生——通过活动让他们更加明确自己的学习目标和人生目标，自觉地学习，更加懂得付出，让其对社会有一种责任感，并提升自信心，激发自身潜能。

家长——通过活动与子女的关系更融洽，建立一种互信、互爱、互敬、互谅的关系，互相之间能真诚沟通，让家长对子女有更深入的了解，引导子女有正确的人生观和人生目标，让两代之间在沟通上产生共鸣，从而建立新的亲子关系。

活动过程

(一) 开场

教师：有一个人，她永远占据着你心中最柔弱的地方，甚至在你还没有来到这个世界以前，她已经用所有的爱滋润着你。有一个人，他永远在你身后默默地支持着你，在你奋斗时，他期许着你；在你得意时，他提醒着你；在你失意时，他鼓励着你。同学们说，这两个人是谁?

同学们齐声回答:父母。

教师:是的,这就是我们的父母。今天,他们放下自己不管多么重要的工作,来参加这次家长会,这是对学校工作的支持,更是对每个孩子的关爱。让我们以热烈的掌声来欢迎并感谢我们的爸爸妈妈。

(二)暖身活动

家长和孩子一起做《捉手指》的游戏,然后让同学和家长分享游戏的寓意。

教师:刚才的游戏情景,就像我们现实生活中的亲子关系,父母想要抓住我们,我们却又想要挣脱父母的管束。由此可能会产生父母与孩子之间的对立甚至是对抗等不和谐的关系。基于此,我们设计了这样一次家长会,但愿它能给我们提供一个倾听、理解、沟通、交流的机会,去重拾我们曾经拥有的那份快乐和和谐。

(三)体验阶段

1. 听歌曲《烛光里的妈妈》

教师:在我们成长的岁月里,是父母的爱和辛勤付出,抚育我们长大。可不知从什么时候开始,在我们的眼里,父母的爱由儿时的呵护变成了今日的唠叨,已记不得有多久我们没有仔细观察妈妈双鬓增添的白发、父亲手上的老茧。下面就让我们静静地聆听这首《烛光里的妈妈》,用心去体会和感受,每个孩子都闭上眼睛轻轻抚摸爸爸妈妈的双手,然后再看看父母额头的皱纹。

体验:拥抱一分钟——一个深情的拥抱,让我们找到了儿时的感觉,感受到了父母的信任和力量。

2. 相互表达

教师:在每个父母的眼里,自己的孩子总是最棒的。但随着孩子年龄的增长,孩子心理、生理上的变化,我们对孩子的内心世界可能了解得越来越少了,现在就让我们走进孩子的世界,听听他们的心声。

(1) 由孩子把自己写的信读给父母听(父母静静地听,不能插话)。

教师:其实,父母也有很多话要对他的孩子说,现在,让我们听这首《对你说》歌曲来体会彼此的感受和想要表达的心情。

(2) 父母和孩子交流,针对孩子的问题谈谈自己的体会。

3. 小组内交流分享

把全体人员分成5组,按照教师提出的问题进行分享。

家长:在和孩子的相处中,你认为哪件事处理得不太得当,谈谈今后的想法。

孩子:在成长的岁月里,你能想到哪件事最让你刻骨铭心(正面、负面都可以)。

4. 班内分享

找两名家长和孩子谈谈此时此刻的感受。

(四)情感升华、感恩

播放视频：著名演讲家邹越《让生命充满爱》的演讲分享感受。

声音表达——孩子：爸爸妈妈，我爱你们。

爸爸妈妈：我爱你宝贝(昵称)。然后，拥抱一分钟(无需语言，只需内心体验)。

(五)结束阶段

教师：其实，每个父母都有一个美丽的期待，期待他们的孩子能健康成长，期待他们有一天能站在人生的最高点上，期待他们有美好的未来。每个孩子又何尝不是为了这份期待而努力，正所谓"恩未报岂敢懈怠，梦未圆怎能放弃"。下面让我们全体围成一个大圈，欣赏歌曲《最好的未来》。

结语：相聚的时光总是短暂，希望与美好就在不远处等待。爱永恒，信任地久天长！让我们融合在一起，共同拥有爱的风帆！让我们携起手来，为我们共同的愿望扬帆起航！感谢各位家长对本次活动的大力支持，家长会"我想对你说"到此结束，再次祝愿每一个孩子天天快乐，每一个家庭和睦幸福。

三、体验式家长会实例与点评

方案一：孩子——我们共同的爱

理念：学生感受到关爱，家长更好地理解孩子，提升教师的课堂教学效率，实现教师的职业价值并收获幸福感。

理论支持：马斯洛需求理论(家庭的重要性)的内容"在家庭中找回安全感，在学校找到归属感，最终达到自我实现"。

流程：

1. 教室门口学生和家长合影。
2. 内外圈讨论，家长坐在内圈，孩子们绕着外圈走动，选择不同的父母，相互交流提前设定的话题。如你觉得怎么才能让父母理解孩子？你理想的父母是什么样的？等等。
3. 知你知我：填写亲子了解程度问卷。调查问卷的主要内容为：孩子的兴趣爱好、学习情况；家长的爱好、生日等。填完之后进行分享。
4. 千言万语都是爱(挑选部分孩子的日记，家长看孩子的日记)。
5. 孩子坐回父母的身边，写当天的日记。
6. 再次合影(跟入门的合影进行对比)，全部一起合影，然后把合影照片贴在教室内。

点评：内外圈选家长，应当先找自己的父母先坐下，再选第二个爸爸妈妈，减少孩子和父母的心理负担。选择后的交流要充分。

出门时的合影除了可以与自己的父母外，还可以与后来选择的父母一起合影，让孩子觉得多了一对父母。

方案二：我们的孩子是独一无二的——星星同样能照亮夜空

目标： 引导家长认识孩子身上的闪光点，不要强加父母意愿，要尊重孩子个性。

流程：

1. 播放幻灯片，孩子们的照片，里面有天空、小鸟及孩子的笑声，加入引导语。家长抒写对孩子的期许，请两到三位家长分享，教师小结。
2. 绘本故事——《狐狐的故事》，给家长以启发，尊重孩子个性，分享家长的感受和想法。
3. 发给每个家长一张纸，画一棵树代表自己的孩子，在树下写下孩子的优点，进行分享。
4. 内外圈转动交流自己的作品和想法。
5. 教师总结。

点评： 标题和技术流程是匹配的，向家长说明每个孩子都是独特的，避免家长不了解，而强加自己的理想给孩子。

稍稍考虑顺序和整合。第一、二个环节都是说明、呈现的作用，安排怎样的顺序更合适。

这一方案中呈现的部分很充分，第一环节通过视频呈现家长内心的想法，通过表达展示家长内心的世界；第二环节是通过故事呈现家长内心的价值观，呈现之后，写下感受，是对表达进行总结，这一安排是比较合适的。之后进行分享，这是进行第二次表达，之后再做一个总结，总结应该围绕说明、表达和升华，将家长正性的观点提炼出来，指引方向，将优势的方向强化出来，进行升华。

狐狐的故事，首先表明孩子皆独特，需要积累相关的心理学知识，进行引导和知识传达。总结可围绕生命的可贵可爱。其次是使家长明白每个人都很独特，有些无法也不需要改变。

家长画树环节，是一种拟人的方式，引用一棵树，赋予树生命。这是一种技术的方式，注意不要负面强化，这是为了解父母理想自我和孩子的关系，需要详细地引导家长。如何管理孩子长成盆景，避免消极强化作用。

内外圈是一种转换的环节，话题要预先设定。如你对于教育小孩有没有什么优化和改变，这些改变对孩子的作用。通过表达呈现之后，认知方面都会有改变。

主题和目标明确，内部表达符合科学规律，呈现——表达——转换反复进行。目标中有三个目标，其实有两个大目标，可以在其中做出一个选择，定出第一目标，操作过程中就能有的放矢。

第三节 体验式班会

一、传统班会

班会是学校集体活动中最主要的组织活动之一，是学校德育教育的一个重要内容和途径。班会一般分为定期班会和不定期班会,是在班主任领导和指导下,以班级为单位,围绕一个或几个主题组织的对全班同学开展教育的活动。班会是班主任或班委会对班级进行有效管理、指导和教育的重要途径和形式。在班会上,每个同学都可以发表自己的意见,参与集体管理,研究解决班级中的各种问题。

(一)班会的内容

班会的开展内容没有限制形式,丰富多彩的班会既可以是专门为解决班级目前存在的某个问题而召开,也可以就某项教育而召开,如热爱祖国、热爱集体、团结互助、文明礼貌、助人为乐、学习心得交流、环境保护、遵纪守法等。活动形式也多种多样,不同的班会主题,开展形式和具体程序也会有所差异。

(二)班会的一般程序

(1) 预先确定鲜明的班会主题。
(2) 班委会召开预备会,进行任务分配,然后传达全班同学准备。
(3) 正式班会。
① 主持人开场白(班主任或班委成员)。
② 发布主题。
③ 确定讨论形式(分组或集体讨论等)。
④ 自由发挥或讨论。
⑤ 班主任点评总结。
⑥ 结束。

(三)存在的问题

从小学到高中,每个星期都有一节班会,每个学期至少设置16节班会。尽管它不像语文、数学等主科设定那么多的课时,但与信息技术、音乐、美术等副科的课时量相当。

虽然班会在中小学教育中的作用不可或缺,但班会的庞大课时量与班会的群体效益却不成正比,班会的整体质量不高,甚至有些学段的学生根本不愿意开班会。

究其原因,传统班会没有满足学生的成长需要。目前绝大多数班主任在组织班会的时候,都是根据自己的工作需要来确定班会的主题,进而把班会演变成道德说教课、班级管理结果通报课、班级建设事务安排课。结果把班会的德育职能、管理职能放大了,却把满足学生成长需要的目的缩小了。班会不能满足学生需要,学生自然就提不起兴趣。

所以,针对传统班会,教师需要在思想上进行转变,班会的终极追求是为了满足学生的成长需要,而不是为了满足班主任的工作需要。学校及班主任需要加强教育哲学、班会基本理论的学习,重建自己的教育价值观。另外,在行动方面,班主任在组织班会前要多"问计于民",向学生征集组织班会的主题、内容、形式、策略,保证学校、班主任组织的班会是学生需要的。

二、体验式班会

体验式班会是依据学生身心发育特点、成长规律和班级建设的需要，在团体动力推动下，通过绘画、音乐、具象等体验式心理教育技术，围绕教育主题而开展的班会活动。

(一)体验式班会的核心概念

1. 情境体验

体验就是把教育的内容情境化和具象化，创设一定的体验情景，让每个学生都置身于情境中，每个学生都亲自参与，在体验中感悟。我们现在的教育多数是学生在听中学，体验式要求的是在做中学，这样印象深刻，效果突出，让学生成为学习的主体。

2. 团体辅导

团体辅导被称为"神奇的圆圈"，一群人围坐在一起，经过几次密集的互动，每个成员都产生一些积极的改变，更适应、更健康、更和谐。团体辅导的作用是帮助成员认识自己、理解他人、改善沟通、增强适应、排除困扰、提升能力，增进身心健康。团体辅导是一项专业的心理学知识和技能。体验式班会借鉴团体辅导的理念和方法开展，在活动中要充分体现平等、互动和表达。

3. 动力过程

体验式班会在团体场中开展，场是一个过程，在不断的发展和变化中，发展的方向要与目标适应。创造场和合理地利用场都是一种技术。场不仅可以配合教学，还可以进行人格的培养。在场中，每个人都有一个心理空间。教师只是心理世界中的一个心理空间，场中每个人的心理空间共同组成整个场的心理世界，这样的心理世界又受到物理世界的影响。心理空间、心理世界、物理世界，三者相互影响、相互作用就会形成团体动力。物理世界作用于心理空间，会使心理空间发生变化，这样的变化又会改变心理世界。教师可使用聚焦技术，把场动力聚焦在某个学生身上，以这一点带动场面的发展，这样的动力模型叫作以点带面。

在整个场中，教师要尽量关注所有的学生，尽量让每个学生都有机会成为带动面的点，让动力均衡发展，让每个心理空间都和其他心理空间有紧密的联系，让场均衡，把聚焦的点分散到每个学生身上。在建设场的过程中要考虑到效能问题，场的交互和相互的学习很重要，场要为教学目标服务，场中的每个人，能做到以班为镜、以成员为镜、以教师为镜，真正做到三人行，必有我师。在团体中学习，教师只是偶尔在前引领，多数情况下是成员在团体中相互学习，达到效果最大化。这里需要强调的是教师对场的把握是需要能力和学习的。

4. 会心状态

在体验式团体模式中，我们要创设一种会心状态。会心是一种温暖、安全、尊重的流动的状态。会心状态下，成员可以做到对自己真诚，能够关注自己当下的感受；对别人真诚，能够考虑到别人的感受，理解和接受别人的不同。会心状态是一种发展的方向，是经过优化之后最佳的学习环境，是心理空间之间形成的温暖的心理世界。心理方面的会心状态会促进学生的学习状态。

(二)体验式班会的特点和优势

积极心理学背景下体验式班会是根据积极心理学的核心理论和"体验式团体教育模式"理论开发出来的，旨在将相应的体验式团体教育心理技术运用到班会实践中，让每位学生在活动中体验，在体验中感悟与反思，在表达与分享中提升认知，升华道德情感，增进心理健康，达到自我成长、互助成长、共同成长的目的。积极心理学背景下的体验式班会的特点和优势正好弥补了传统班会的不足，有效地解决了传统班会存在的问题。

1. 积极心理学背景下的体验式班会满足了学生生理、心理成长的需要，与班会组织的终极目的吻合

它依据学生身心发展的特点，以班级建设的需要为立足点，开展的终极目的是满足学生成人成才的需要。在活动中能够触碰到学生的内心，激发他们的内在动力、积极思维和行动，在团体动力的推动下找到较好地解决自身、班级建设等方面遇到的各种问题的方法。

2. 积极心理学背景下的体验式班会为班会的组织提供了科学、系统的理论依据

积极心理学的"希望电路"理论首先为班会的组织指明了大的方向，从悲观人性观转向重视人性的积极方面，从着力除去学生的心理或行为上的问题，转向帮助学生形成良好的心理品质和行为模式，从减轻过去的痛苦转向提供积极的希望。

从具体内容上讲，积极心理学也为科学、系统地设计班会提供了理论指导。积极心理学研究所有人类的正向心理，如"感恩之心"(这种感恩不是通常意义上的报答，它指的是我们对自己拥有的事物和受惠经历的一种欣赏、一种快乐、一种积极主动的体验)，如幸福五元素 PERMA(积极快乐的情绪、沉浸其中的投入、美好的人际关系、有意义和有目的的事情、有收获和成就的感受)。班主任可以根据学生的年龄、心理特点和需要，从中选择合适的主题，再结合积极心理技术，设计相应的体验式班会。例如，想要提高学生的幸福感，班主任可以依据幸福五元素理论，系统地设计积极情绪培养、投入能力提升、良好人际关系建设、寻找人生的意义、体验成就感为目标的五堂体验式班会课。

可以说，积极心理学研究的课题为我们提供了广阔的视野，让我们跳出了班会不外乎情绪、关系、自我、青春期、学习效能等几个老套话题的旧窠。因此，积极心理学背景下的体验式班会为班会的设计提供了科学、系统的理论依据，使班会课不再陷于头痛医头脚

痛医脚的被动局面，而是可以根据学生的具体情况主动去选择适合的主题，从而开展有效的工作，达到理想的效果。

3. 积极心理学背景下的体验式班会生动丰富的教学方式和均衡的动力吸引每一个学生的主动参与

如果把传统的班会比作老式的绿皮火车，"要想跑得快，全凭车头带"，基本是班主任一个人在前面冲，变成了一言堂，那么积极心理学背景下的体验式班会则好比现在的动车，每一节车厢都是动力源。在这样的班会中，每一个参与的成员，包括班主任和学生，都是动力源。在具体的教学过程中，班主任通过以点带面、以面带点、点面结合的方式带动每一位成员参与其中；在教学方式上，通过"讲解、体验、分享"三位一体的方式，让学生既习得知识，又有切身体验，还有深度分享；在体验环节，形式也是丰富多样，有艺术性的表达形式，如绘画、诗歌、舞蹈、音乐剧等，也有各种经典的积极心理技术，如朋友圈、生命线、人生五味糖、热板凳、桃花朵朵开等。上课的物理空间也不再是传统的坐在座位上不动，有时会围成一个大圈，有时会分成几个小组，有时坐在椅子上，有时坐在地上，有时在室内，有时在户外，这样的班会课学生怎能不喜欢呢？

三、开设体验式班会的要求

(一)学校方面

当一个学校在本校推行体验式团体教育模式的工作时，就必须从上至下构建良好的舆论和行动氛围。并且针对全体班主任开始进行系列的培训活动，如体验式团体教育模式的理论与实践的培训；如何召开体验式班会、体验式家长会培训；教师心理资本建设成长工作坊等培训活动。通过各种培训让广大班主任对体验式团体教育模式相关理论有较深刻理解，对操作技能有很好领悟和把握。

学校还要提供开展实验班和优秀教师在体验式班会课观摩活动和研讨活动的过程，让老师在学中做、在做中学，也要在各个年级开展这样的班会评比活动，这样让每位班主任都能成为体验式班会活动开展的优秀导师。

(二)教师方面

1. 提升个人修养

教师不仅要有基本的个人修养，还需不断学习，来提升个人修养。

2. 把握团体动力的能力

1) 设置团体规范

在体验式班会开展之前和进行过程中。合理有效地设置团体规范，是团体有效开展的前提和保证，设置不合理会造成要么气氛沉闷、要么秩序混乱的局面。团体规范公布后，如果成员在活动中没有遵照执行，教师要及时合理地予以干预，从而保证团体目标的顺利实现。

2) 营造团体氛围

体验式班会中要营造温暖、自然、流动的团体氛围，营造良好的和谐互动关系。教师要根据团体目标让场热起来，根据目标的不同创设适宜的温度，让成员在这样良好的氛围中能够互相信任，真诚地表达，得到充分的尊重，这本身就是一种很好的成长。

3) 增强团体动力

团体动力要保持均衡，动力不均衡就会出现有些成员得到发展、有些成员没有得到发展的状况。为了达到动力均衡，教师通常会采取以点带面、以面带点和点面结合的不同动力模型。以点带面，就是用个体的成功经验或真诚的表达来带动其他成员。在课堂中个体积极变化对小组和班级带来影响就是以点带面的过程。以面带点，就是整个小组和班级积极变化带动其中个别成员也朝着积极方向改变。点面协作就是"点"的突出改变和"面"的整体推进的有机结合。"点"，可以突出重点，体现深度；"面"，可以顾及全局，体现广度。点面结合，是既有深度又有广度地反复交替地协作的过程，在课堂上表现为个体与个体、个体与小组，也可是小组与班级整体这三对关系科学合理构建的过程。

3. 合理使用、制作或转换技术

1) 常用反应技术

倾听技术：就是在接纳的基础上，积极地听，认真地听，关注地听，并在倾听时适度参与。倾听不仅是用耳朵听，更是用心听。

情感反应技术：指的是教师把学生所陈述的有关情绪、情感的主要内容经过概括、综合与整理，用自己的话反馈给学生，以达到加强对学生情绪、情感的理解的目的。

内容反应技术：指的是教师把学生所陈述的主要内容经过概括、综合与整理，用自己的话反馈给学生，以达到加强对学生理解、促进沟通的目的。

具体化技术：指的是教师协助学生清楚、准确地表述他们的观点以及他们所用的概念，所体验到的情感以及所经历的事情。

重复技术：教师直接重复学生刚刚陈述的某句话，引起学生对自己这句话的重视和注意，以明确要表达的内容。

提问技术：分为开放式提问和封闭式提问。开放式提问是导师提出的问题没有固定的答案，学生不能用简单的一两个字或一句话回答，从而尽可能多了解学生。封闭式提问是指教师提出的问题带有预设答案，学生的回答不需要展开，只需说明事实。找到重点就可以。

2) 巧用影响技术

面质技术：又称"对峙""质疑""正视现实"，是指教师指出学生身上存在的矛盾，促进学生进行正视和反思。

解释技术：教师运用心理学来描述学生的思想、情感和行为的原因、实质等，使学生从一个新的、更全面的角度来重新面对困扰、周围环境及自己，并借助新的观念和思想来加深了解自己的行为、思想和情感，产生领悟，提高认识，促进变化。

指导技术：教师直接地指示学生做某事或者以某种方式行动。教师指导时不要以权威身份出现，强迫学生执行，若学生不理解、不接受所产生的效果就差，甚至无效，还会引起反感。

3) 注重互动技术

共情(同理心)：按照罗杰斯的观点，共情是指体验学生内心世界的能力。

尊重：教师在价值、尊严、人格等方面与学生平等，把学生作为有思想感情、内心体验、生活追求和独特性与自主性的个体去看待。

真诚：是指教师对待学生的态度真诚，为学生营造一个安全、自由的氛围，使学生可以敞开心扉，袒露自己的内心世界。

自我开放：也称自我表露，教师提出自己的情感、思想、经验与学生共同分享或开放与自己有关的经历、体验、情感等。

积极关注：教师对学生言语和行为的积极、光明、正性的方面予以关注，从而使学生拥有积极的价值观，拥有改变自己的内在动力。

4) 把握角色技术

三分之一技术，包括教师角色的三分之一，时而在前引领(讲解)，时而在后推动，时而陪伴在学生左右；教学过程的三分之一，即讲解、体验、分享各占三分之一；学生角色的三分之一，即在情境中体验、听教师讲解、进行表达和分享各占三分之一；教学动力过程的三分之一，即学生、小组、班级。

5) 合理使用、制作、转换场技术和工作技术

体验式团体技术从应用方面看，可分为：场技术(如何建设场和如何控场)、工作技术、整合技术(包括强化、转换和整合的过程)。一个好的教育技术既能实现场地建设，又能有效地完成教学目标，同时实现强化和整合。根据学术界对团体辅导进程的一般共识，对一节具有课时限制的心理辅导活动课的微观发展进程做如下划分，即团体暖身阶段——团体转换阶段——团体工作阶段——团体结束阶段。在体验式班会中，教师首先通过团体契约和暖身技术，帮助成员形成信任关系；其次是通过转换和工作技术，促进成员探索自我；最后在恰当的氛围中结束整个班会活动。

在体验式班会中，教师可以自己制作技术，技术的制作要遵循一定的考量因素，第一个是教育性，有没有教育性、能不能达到教育最大化，这是你参考的因素。接下来是科学性，符不符合人的心理发展规律，你做得很好可是不适合人的科学发展规律，也是行之无效的。再接下来是针对性，任何技术都可以实现好多。比如西瓜刀能不能切菜？常规回答，是能切菜。但西瓜刀不是最适合的切菜工具。这说明技术有目标针对性，并还有匹配的问

题。每一个技术都可能实现多个目标,只有一个目标才是最佳,这个时候要考虑可操作性好的技术为首选。

(三)学生方面

体验式班会和我们平时的班会有很多差异,在活动之前首先要让学生知道,体验式班会几个重要的参与原则。

尊重原则:学会尊重同学、教师及工作人员。

倾听原则:在活动中学会倾听别人的内心表达,这本身就是一种成长的过程。

保密原则:在这样班会活动中,根据场安全的氛围,有时可能涉及个人隐私,需要学会保密。

投入和收获成正比原则:要经常向学生讲体验式班会活动的特别之处,投入越大,收获越大。

(四)物理空间的要求和相关设置

场地:体验式班会对活动场地是有一定要求的,要保证场地的温馨、封闭,空间大小适宜(要能满足全体成员能够围坐一圈),一般根据参与人数的情况要求空间相对较大的环境,最好地上能铺有泡沫或地毯等,让学生把鞋脱掉,这样有利学生放松心情、打开自己,更好地参与到体验活动中。

时间:一般 90~120 分钟。

根据活动的主题有时需要准备一些东西,如白纸、剪子、透明胶等。一般需要投影仪、音响、无线麦克风等常用的一些设备。

四、班会优化的"三位一体"

班会优化应遵循自主管理、社会关系和心理健康的"三位一体"原则。

(一)自主管理

所谓自我管理,就是指个体对自己本身,对自己的目标、思想、心理和行为等表现进行的管理。如组织自己,管理自己,约束自己,激励自己。

苏霍姆林斯基指出:"真正的教育是自我教育。"班级管理不应是老师约束学生,而是学生自我约束,现代班级教育要以学生全面发展为本,着力培养学生自主教育的意识和能力。学生作为班级的主人,只有主动参与到班级管理中去,才能营造一个自信、快乐、和谐、实力强大的班集体。我们也客观地看到无论哪一方面的自主管理,都与情感和意志密不可分,所以通过体验式班会对学生进行良好习惯的培养和心理资本提升是非常必要的。著名教育家斯宾塞说过:记住你的管理目的是养成一个能自治的人,而不是一个要让人来管理的人。

然而对于学生而言，在各种管理中学会科学的时间管理是非常重要的。经过无数成功人士验证的高效时间管理方法可以尝试借鉴，帮助学生进行时间规划。

(1) 生命规划——以终为始，倒计时心态。

(2) 要事第一——守护好生命中的"大石头"。

(3) 运用 ABCD 法则安排优先顺序。

(4) 每日管理——不要相信自己的记忆，每日记录胜过千言万语。

(5) 任务清单——就是你的生命清单。

(6) 检查追踪——自己是自己的上司，要对自己狠一点。

(7) 日事日毕，日日清新——朝花夕拾，明日之花，今夜浇灌。

(8) 杜绝拖延——2 分钟规则。

(9) 分类整理，条理清晰——每天花时间找东西是浪费生命的最大敌人。

(10) 马上行动——所有的时间管理是否有效的最终落脚点，时刻在行动中、时刻在奔赴梦想的路上，你就离目的地越来越近了。

自我管理是自我的反思与回馈，通过召开体验式班会，利用心理技术让学生们在体验中体会时间管理的重要性。加强自我管理，开创辉煌人生。

(二)社会关系

社会关系是社会中人与人之间关系的总称。马克思指出：人的本质是一切社会关系的总和。此意即为社会关系源于人，因为有了人类，人与人之间便产生了各种复杂的关系，这些关系统称为社会关系。

人际关系就是人们在生产或生活活动过程中所建立的一种社会关系。这种关系会对人们的心理产生影响，会在人的心理上形成某种距离感。其特点是直接交往和情感性。它受诸多因素影响：双方需求的互补性、态度的类似性、双方距离的远近及交往频率等都能影响人际关系的建立。

那么在学校这个环境中，从学生个体层面来讲，他的人际关系层面主要包括生生关系、师生关系、班级关系等。生生关系中的利他、竞争、自尊、彼此之间爱的关系是否和谐，师生关系方面是否和谐，班级凝聚力、归属感如何，都是班会需要考虑建设的方面。

学生优化的进行主要是在体验式班会过程中运用团体辅导方式，根据不同的地域和学校差别，有针对性地开展。它包括以下两个方面。

常规性的：有师生关系类，如和孩子一起成长，老师理解学生——"长大后我就成了你"主题班会等。有激发动力方面(激发内驱力、良好意志品质和学习方法的培养)、有协调关系方面(如了解青少年心理发育与成长的规律、为孩子的幸福人生保驾护航、家长自我心理保健)。

特殊性的：针对班级学生中存在的普遍问题，或有特殊意义事件发生，或给集体中的部分学生成长带来不利影响的事件发生时，进行特定主题的辅导，进行一定的修复和纠正

(如汶川地震后的创伤辅导团体、班级刚刚组建时的班级凝聚力形成团体——相亲相爱一家人、高考前减压团体等)。

(三)心理健康

在体验式班会的召开过程中，教师通过采用多种心理技术让学生学会表达、积极沟通，建立和谐人际关系，学会调节情绪、缓解压力大的办法，增强自信心，更加热爱班级和团队，不断提升学生心理健康水平的指数。

五、体验式班会的实施

(一)实施原则

体验式班会要想实现效果的最大化，必须本着科学、全面和系统的原则。

1. 科学

体验式班会设计的理念、目标的确定和具体方案的设计，一定要遵循学生身心发展的特点和规律，从班级实际情况出发，依据科学的教育心理技术的原理，精心设计和操作。

2. 全面

在班会设计和操作的过程中要考虑到多种因素，例如：

物理世界的合理性，比如场地大小、房间的高矮等。

动力均衡性，在整个班会过程中个人、小组、班级的动力是如何流动的。

匹配性，这里的匹配通俗地理解就是一致性。比如目标与教育内容、目标与技术、教育内容与技术、时间与教育内容、导师与技术、人数与技术等。

可操作性：教师设计的技术是否具有可操作的特点，使得班会效果达到最大化。

艺术性：在班会设计和操作的过程中要尽可能在实现教育目标的同时，让我们学生在真、善、美的情景中，引起更多思考，给人以美的享受。

3. 系统

老师们每设计一次班会，要从全局观的角度去思考。一次班会目标不仅要考虑当下意义，还要从学生长远发展角度去设计，比如：刚刚进入高一的班会往往是团队建设、适应能力培养为主题，后期可能要设计人际交往、学习动力、学习方法；高二阶段一般从理想、职业规划、情绪压力的缓解来设计；高三阶段往往设计减压增能等方面的主题。所以每一次班会的设计不能头痛医头脚痛医脚，可做长远设计，比如一学期、一学年我们要开几个体验式班会，它们的关系是怎样的。要有系统的思想。

在班会的操作过程中，一些技术的使用要考虑学生过去的情况、当下的现状和未来的发展。教师站在过去、现在和未来的层面去运用各种技术，这样班会的效果会更加好。

(二)实施程序

1. 确定目标

确定目标即班会所要解决的主要问题。积极有效的目标应该是具体的、明确的、可行的、切合实际的、成员需要的，同时是可以评估的。目标建立后，教师应该让成员充分了解。

2. 制定体验式班会方案

方案设计要符合如下要求：①计划的合理性；②目标的明确性；③操作的可行性；④过程的发展性；⑤效果的可评估性。

六、体验式班会的评估

(一)评估的内容

(1) 目标是否达到。

(2) 效果反应是否良好。

(3) 技术选用是否匹配。

(4) 有无改善之处。

(二)评估的方法

评估的方法包括行为测量法，标准化的心理测验、调查问卷、成员日记等。

体验式班会是一种把心理学的理念、知识、技术融入德育教育的一种探索和尝试，我们称之为德育心育一体化。在这样的班会准备和开展过程中，最大的受益者往往不是参与活动的学生，而是我们的班主任。因为随着当下社会的发展，我们每个人都需要成为自己的心理咨询师，可以说人人需要心理学知识，而班主任作为青少年的教育者、引导者和帮助者，特别需要教育心理学、发展心理学和管理心理学的知识，特别需要把心理学融入班级管理和学生教育之中，只有这样才能达到预期的管理效果，并在工作中找到乐趣、实现价值。体验式班会是班级民主管理和班主任自我成长的积极尝试，在准备和实施中班主任会有一种全新的感悟与收获，因为实践是最好的成长，当你愿意尝试的时候，你就开始了成长之路，在这样的成长路上你会发现，原来你可以活得更有意义。

第四节 体验式班会的实施方案

方案一 我爱我家

(一)设计理念

根据团体动力学的有关理念，营造一个安全、温暖、开放、共享的团体环境，促使成员在其中打开心窗、放飞心灵,学会聆听与共享,有所感悟,有所成长,并由此促进团体归属感、团体凝聚力的形成。

(二)班会活动设计

教师:同学们好,欢迎大家来到团体活动室。今天我们活动的主题是"我爱我家",在今天的活动中需要同学们全身心地投入、积极地表达、认真地倾听,同学们能做到吗?如果可以,就大声地说出。好,下面就开始我们今天的爱家之旅活动,如表8-3所示的方案。

表8-3 "我爱我家"活动方案

时间	活动名称	活动目的	活动内容
5~10分钟	找班长	热身,增进团体气氛,培养团体意识	教师事先指定一名学生为班长,其他同学互相询问谁是班长,班长被问时必须如实回答,找到的同学要迅速地跟在班长的后面排成一竖排。指定的班长在第六个人问到自己的时候必须大声说出"我是班长",全体同学迅速跟在班长后面排成一竖排。请班长和排在最后面的同学谈谈感受,并模仿一个动物的动作
3分钟	我的心情卡	增进认识了解,学习接纳他人,促进情绪情感的表达和交流	将成员分成4组,选出组长、组名和口号,3分钟后进行汇报 1. 每人发一张A4纸,作为心情卡可在纸上画出自己喜爱的卡通形状,并在纸上标明姓名、性格特点及入学一个多月来的感受 播放音乐班得瑞的《清晨》。 2. 每个人把自己的心情卡拿在胸前相互自我展示及交流 3. 活动分享:你对自己及他人有了哪些新的认识 4. 小组成员互相帮助把心情卡贴在自己的后背上,自由活动,互相欣赏分享 学生分享后安静下来倾听歌曲《我和你一样》,给自己信心,给自己力量
3分钟	我们的家庭树	进一步增强集体凝聚力,积极迁移到生活中并展望未来	播放轻柔音乐,让所有成员闭上眼睛去想想:假如所在的这个班集体是一棵树,那自己愿意它是一棵什么树?愿意做这棵树上的什么?如何才能让这棵树茁壮成长 睁开眼睛后,所有成员在限定时间内,通过充分讨论,发挥各自的想象力,轮流接力,将图画完成 要求:每个人都要动手参与绘画。给画取名。每个人在所画之处签上自己的名字。最后展示家庭树,每个成员分享自己所画的东西及寓意
5~10分钟	最好的未来	温暖团体气氛,进行情感升华	播放歌曲《最好的未来》,学生用心倾听 教师说明在团体中,成员就像一家人,需要彼此支持、关怀与帮助,每个人都很精彩,每个人都有最精彩的未来。最后大家手挽手一起说:班级荣辱我有责,班级精彩因我在

方案二　相亲相爱一家人

(一)设计理念

在班级形成初期，通过体验式团体活动的方式，加强同学间的了解，人人参与班级的建设活动，为学生各种能力的展示提供平台，增强班级的凝聚力，为班级长远发展奠定良好基础。

(二)方案目标

人人参与、爱我集体。

(三)活动过程

全班围成一个大圈坐到泡沫上。

教师：你们都是好孩子吗？(一些学生回答但是声音不是很大)不管你认为是与不是，我们先来静静听这样一首歌曲《我们都是好孩子》，体会动听旋律和触碰我们内心的歌词。

教师：每个人心中好孩子的标准不完全一样，此次我们在高一文理分班的考试中成绩虽然不是太理想，但我相信在你们家长的心中、在老师的眼中、在你们的心中，你们一定是好孩子。

教师：那我们这么多好孩子因为缘分走到了一起，就像PPT画面一样在你们可爱的徐老师和董老师带领下，我们肩并肩手挽手走过两年高中生活这是多么幸福的事情。那我们的高二8班45名学生期待我们集体朝着什么方向发展，又能朝着怎样的方向发展，有赖于我们所有同学的努力，因为我们是相亲相爱的一家人。如图8-2所示为体验式班会现场。

图 8-2　体验式班会现场

活动要求：善于倾听、尊重欣赏。积极投入、收获越大。

1. 开始阶段

(1) 热身体验：大风大风吹呀——呼拉拉——吹呀吹哪里呀——吹呀吹几个呀——吹呀吹。通过热身完成分组任务。

导师观察：通过3次活动，分成了5组，有一个学生从后面走了，不知是什么原因。

回头再问。

(2) 给每个组 3 分钟时间，完成组内自我介绍的任务，选出组长、小组名称和口号。每个组长发表感言。

(3) 在小组长的带领下完成：我最喜欢的花。交流分享过程：每个人在一张纸上画上我最喜欢的花(5 分钟)，然后在小组长带领下完成你喜爱这个花的理由 (8 分钟)，每组选出 1 位在全班进行分享。

教师要求每个人认真思考，不要打扰同学。每组发言人在表达时其他同学要学会倾听，这是对别人的尊重更是对自己的尊重。

教师：在刚才分享中我们每个小组表现都不错。为每个组长有效的带领和发言人的精彩发言鼓掌。是的，在大千世界茫茫人海中，我们每个小组几名同学凑到一起是缘分。

2. 工作阶段

(1) 欣赏歌曲：《相逢是首歌》(用心倾听和体会自己内心感受，每个小组可以用肢体方式表达你们此刻的心情)。

导师观察到与同学分享：

1组：肩膀紧紧挨在一起，手拉着手一直到歌曲结束。

2组：手拉手，把刚才画的美丽图案画连接成一个圆圈。

3组：手拉着手，后来有人松开了。

4组：刚开始手拉着手，后来圈越来越小，手紧紧握在一起，很有力量的感觉，一起随着音乐舞动。

5组：刚开始在老师提示下，胳膊挎起来了，后来有人玩笑，老师再观察时，又把手拉到一起，一会儿又分开。

无论每个小组的表现方式怎样，我的内心都很感动，为你们心手相连而感动，为你们紧紧团结在一起而感动。

小组成员的手围成小圈，呼喊小组口号。

(2) 在小组长的带领下，小组成员人人参与共同制作完成班级标志：班名、班旗、班歌、班徽、班级口号和班级未来建设的设想。(15 分钟)

每组分一张纸，将设计内容画或写到纸上，人人参与，并要派一名代表上前面做讲解和分享。

(3) 讲解分享：以小组完成先后顺序，每组进行合影，并全班排成 5 排说说你们组的设计目的和寓意。

教师观察：每个组的设计都很用心，参与率较高，只是一个小组投入不够，除了组长的能力问题外还有组员凝聚力不够。

在讲解分享环节很是精彩，发言人很有激情，各个不甘示弱，发现同学们很有创意，更是对班级未来充满了信心。

3. 结束阶段

花海荡漾：全班以刚才围坐方式手拉手到一起，呼喊刚才诸多口号中同学最喜欢的一句，把手拉手举起了形成波动曲线。

回到原来小组，分享你此刻的心情和感受，在每个人喜欢花纸上，写或画对新的集体的期待。

结束：全班围成一个大圈听唱歌曲《相亲相爱一家人》，第一段手拉手，第二段每人向前跨一小步，手挽着手，合唱歌曲高潮部分。

全班齐诵誓言：八班是最棒的，我们是最棒的。

4. 注意事项

(1) 提前准备好相关的纸和笔等。

(2) 设置倾听、投入要求。

(3) 在小组分享时需要提前讲好要求。

体验式团体教育模式与班会课的结合本身是心育和德育很好的结合方式，要是班主任都能够充分意识到它的积极作用，在班级做好前期热身，让学生们带着一种渴望和期待去开展活动，那教育意义和效果就是最大化了。同时心理老师还要处理好主动与被动的关系问题。

面对不同特质的人群，同样一个方案需要随时调整，技术使用到最合适，是一个不断需要学习的过程。

方案三　沟通从"心"开始

(一)设计理念

中秋佳节将至，高一新生中很多同学是独生子，离家在校住宿，不能回家。在校住宿的这些日子，存在同学交往中出现不愉快等问题和环境适应的问题，如何改善，让学生学会正确的沟通方式进而增强班级凝聚力。

(二)方案目标

帮助孩子学会沟通，学会适应新环境。

(三)方案评估

班级独生子人数，班级住宿生人数，第一次住宿的同学人数，班级男女生的比例(各占50%)。

(四)活动环节

1. 开始阶段

教师提问：

(1) 班级住宿的同学多少人？第一次住宿的同学多少？住宿生活的状况如何？

(2) 此刻你们的心情如何？

欣赏歌曲——《中秋月》。

分组(每组有男生至少3人，住宿生至少有3人)，每组选举组长。

2. 认知提升阶段

1) 体验中感悟

了解沟通的重要性：单向沟通和双向沟通的对比。

教师：人和人在一起每天都要打交道，这个交道怎么打，可是个技术活，也是需要不断学习的。

单向沟通：一个女孩捧着一颗大大的心，在她左侧有一颗茂盛的大树，脚下有一片草地，盛开着各种鲜花……其他同学听着画。不许说话、不许提问。

每组评选出最佳小画家——贴在前面黑板上，再选出最棒的一个(评委由导师和刚才做描述的同学担任，奖品是一个拥抱)

双向沟通：(再换一个画面，换一个同学表演)。

教师：我们在生活中沟通的能力不可低估，一次成功的沟通，往往可以改变自己在别人心中的不良印象。可以少些偏激、多些理解，可以使彼此由疏远变亲密，由迟疑到鼎力相助，由格格不入到相濡以沫。

教师和学生总结：单向沟通——是无效沟通，没有回馈，说者表达内心感受，听者必然有或多或少的误解，因此在人际沟通时要注意互动和回馈。

2) 认知提升

同学们小组交流，教师总结。(略)

3. 技术演练阶段

1) 内外圈心理技术

利用内外圈技术将问题通过体验式交流，达到对合理沟通在认知层面的充分理解和感悟。

教师：合理的沟通是人际关系改善的金钥匙。我们在生活和学习中多感悟这个沟通的技术。

设计的问题：

A. 迟到的学生和老师对话。

B. 丢了钱的同学和同寝室的同学。

C. 警察与违规者。

在这个过程中，每一次活动都要说"见到你很高兴""谢谢你的表演或你的真实表达""再见"等，还可以有肢体语言握手、拍肩膀等。

2) 学会说话——别碰"但是"和"我"这个炸弹

继续利用内外圈技术给同学们的每次1分钟交流时间，但是不能说"但是"和"我"这个词，尽量说"好吧……而且……""不错……并且……"。

结束后让同学谈交流的感受。

4. 角色体验阶段

每两组一个话题进行表演。一个组的成员做评委,每组准备 15~20 分钟,也可以在课下准备。表演时,其他组每组一排,列好队形,提好要求,做文明观众。

(1) 同寝室的一个同学,总是很晚还打电话、发短信,影响他人休息。

(2) 你是值日生,某同学起来晚了,把下床弄乱,扣分了。

(3) 寝室的一个同学的洗衣粉丢了,找了半天没有找到。

小组加油:评委评选优秀小组,做好点评,颁发最佳表演奖、编导奖、创意奖和合作奖等。

5. 结束阶段

1) 导师总结

态度:先理解别人,再表达自己。

技巧(能力):同理心、提问、聆听、表达。

2) 结束

《播放音乐——我们的梦》。

教师:走到一起是缘分,一起走过是幸福。班级就是一个家,同学们还有老师们就是相亲相爱的一家人,同学之间学会正确的沟通方式,集体中每个人会正确的沟通,团队就会有温馨,就会创造出更多的奇迹。

方案四 凝聚产生力量,智慧成就人生

(一)活动目的

新的班级在学期初组建,小组合作学习的动力需要建设,在同学们有了初步的了解后,小组凝聚力的建设就是迫在眉睫的事情,为此高一九班在学校的大力支持下,在会议室开展了 40 分钟的主题班会——凝聚产生力量,智慧成就人生。主要是通过三个技术,让学生在快乐中感受体验小组的力量以及每个人在小组中的职责和荣誉感。

(二)活动过程

1. 教师导入主题:通过同学情、师生情引入学习,再引出小组学习,小组学习是否高效,这涉及我们班级的整体实力和每个人今后的命运。

2. 第一个活动:小组热身"三人行"。用心灵去感受每个组员。体验小组成员间的默契程度。首先由教师宣布比赛规则:先由教师点成员甲,在其右边的成员代其答"有",在其左边的成员代其举手。然后再由成员甲点成员乙,依次类推。

3. 第二个活动:抬腿跳。

第一个环节 教师宣布规则:小组成员站成一横队,左边的人右腿着地,侧面抬起左腿,其右边的人抬起他的左腿,依次类推。大家站稳后,一齐向前蹦,整齐地蹦一步算一分,否则不算,距离为约两米。看哪组得分最多。

第二个环节　每组都进行完之后，各小组围成圈讨论以下问题。
① 当有人被绊倒时，各位当时发出的第一个声音是什么？
② 发出声音的人是刻意指责别人吗？
③ 想一想自己是否不经意就给别人造成压力？
④ 接下来我们应该怎么做，刚才的感觉才不会发生？
第三个环节　每组派代表谈谈感受。

(三)活动反思

活动内容如表8-4所示。

表8-4　活动内容

一组聊斋异族： 一卷诗书满腹才华，试问天下谁为王者 万丈豪情千秋伟业，敢对苍穹我是英雄 回赠横批：书香满斋	五组梦之希： 励志笃学求古今智慧 厚德敦行做中华栋梁 回赠横批：乘梦飞翔
二组犀利村： 燕赵多壮士十年铸剑肯盼明朝建功业 二中有雄才一心读书力争大考展宏图 回赠横批：励精图治	六组巅峰时代： 意志为犁耕耘知识沃土 美德似水润泽你我心田 回赠横批：巅峰时代
三组天使禁猎区： 携一缕春风伴一窗明月二中苦读当数我 抱万种情怀翔万里云天华夏风流要争先 回赠横批：猎天英豪	七组果粒兵团： 春秋冬夏勤学苦练看谁人蟾宫折桂 德智体美博学多才有我辈九天摘星 回赠横批：博学果粒
四组天狼： 难易苦乐人人奋勇精神健 强弱进退日日攻坚斗志高 回赠横批：唯狼独行	八组个性守望： 登极峰　做强者　挥洒青春热血 藐沧海　磨利剑　再创二中辉煌 回赠横批：张扬个性守望未来

　　在整个活动中，教师感受到了学生们的活力和热情，团结协作，深受启发。尤其是当学生谈感受的时候，学生谈到了责任、信任等层次很高的说法时，我更是对我们的学生的感悟能力感到惊奇，特别是当教师将励志对联送给每组之后，出乎我的意料的是，学生能够在那么短的时间内将横批回赠给我，而且真的将本组的组名融入进去，我为学生的能力感到惊讶，同时更加感到自豪！让我真正地意识到活动的开展对于班级小组凝聚力建设的不可或缺的重要性，这种班会应该采取多种形式，系列化开展。

(四)学生体会

彼此相惜，不曾放弃。

——《凝聚产生力量》主题班会有感

晨光一缕柔情，捧起星星的泪，怒放的季节里，彼此相惜，清风执着地轻拂，热切地仰望，深邃的天空呈现着亘古不变的乐章——凝聚青春的力量。

——题记

我们相聚在同一个空间，守护着同一份缘分。彼此间相互珍惜，时光荏苒，短暂的三年我们即将共同走过。即使我们曾经弱小，即使我们曾经孤独。但现在因为我们强大，我们快乐，我们有更多的勇气走向我们心中的彼岸。因为我们守护在一起，因为我们相信着彼此，眼神的默契，心灵的感应，凝聚让我们开始不离不弃，共同快乐，共同悲伤，共同奋斗。

我们相聚在同一个空间，怀揣着同一份信仰。凝聚中培养了默契，默契中演化出依赖，依赖中产生了力量。抛弃了弱小，脱离了孤独，我们执手向前，我们披荆斩棘，我们的力量开始强大，我们的目光开始坚定。冲刺的最后一站，我们一起向前。

我们相聚在同一个空间，凝聚着同一份力量。因为凝聚在一起，我们有了这把强大的光剑，盘龙起，七斩杀，所向披靡。我们勇往直前。因为凝聚在一起我们有了最坚实的后盾。我们不惧艰险。今日苍穹明朗，只因我等不离不弃、气贯长虹。

我们相聚在同一个空间，坚持着同一份承诺。不曾放弃，我们发誓要一起追寻梦想；不曾放弃，我们说过要一起历经艰辛；不曾放弃，我们决定要共同成就一份力量。即使流年似水，即使辗转流离，我们未敢忘记。

我们相聚在同一个空间，相信着同一份感动。彼此相惜，不离不弃。

方案五　我的方向　我的梦

(一)设计理念

由于中国教育评价体制和人才选拔机制的不合理，以及独生子女现象和家庭教养方式的弊端，给孩子带来了极大的学习压力，使学生缺乏成功的体验，造成习得性无助，对学习失去了兴趣和动力。通过激发学生的学习动力，使学生养成良好的学习习惯，更好地适应社会。

运用普通心理学理论中需要与动机的关系，可以知道有需要才会产生动机，需要可分为内驱力和诱因，同一行为不一定是由同一动机产生的，不同的动机确可以产生相同的行为。通过激发内驱力和改变诱因，可以产生良好的动机，继而可以产生良好的行为。

根据心理治疗中的认知行为疗法，不同的理念产生不同的行为。

(二) 方案目标

树立自信心，增强学生的学习动力。

(三) 方案评估

活动前问卷调查，活动中导师及时评价，活动后问卷调查反馈，并对部分成员跟踪调查。为第二堂课设计作准备。

(四)方案实施：

1. 热身阶段(5分钟)

劳动形式：一分钟掌声次数的预测和体验。

活动内容：首先估计一下在1分钟内，如果自己用全力以最高频率鼓掌，1分钟能鼓掌多少次，把预计的数字写在纸上；然后开始鼓掌计算，时间为1分钟，在这个过程中鼓励大家坚持，努力，然后将计时鼓掌的次数写在纸上。游戏结束后分享体验和感受。

导语：大约有1%的人估计的数字与实际相等，大约有1%的人估计的数字超过了实际，也就是说我们很多时候对自己的期望不切实际甚至没有期望，但其实成功没有那么难。

2. 团体工作阶段(35分钟)

(1) 画出生命线，分享生命中成功的体验，激发内驱力。

做法：利用内外圈技术。成员按1、2……报数分成内外两圈。面对面，按圈坐好。

a. 画出自己的生命线和自己人生中经过努力成功的三件事，并与同伴交流分享。

b. 构想10年后自己的生活，通过画面展示出来，并与同伴分享。

(2) 头脑风暴技术：通过快速回答问题，构建自己新的自我认知和评价。

头脑风暴问题：

a. 你现在的学习状态如何？

b. 你理想中的学习状态是怎样的？

c. 你想如何改变现在的状态？

d. 假如经过一段时间的努力，你仍然没有实现目标，你该如何做？

e. 你认为十年后的理想生活能实现吗？为什么？

3. 团体结束阶段(5分钟)

(1) 肢体感受、情感体验升华。坐着说"我能行"。跪着说"我真的能行"。站着说"我一定能行"。与同伴互拍肩膀大声说："你一定能行！"让所有的人齐声说："我们一定能行。"

(2) 实践体验：每个同学用自己的双手合作完成同位角、同旁内角、内错角。体验努力思考后成功的感受。

(3) 播放手语歌《我真的很不错》。

(五)注意事项

(1) 课前准备要充分，心理团队心理训练室。

(2) 评估要准确，教师目标、团体目标、成员目标要一致。

(3) 教师要把握好相应设置尤其是时间设置，教师的三个三分之一技术合理运用。

(4) 场的动力要形成并不断增强。

方案六　向左？向右(性教育主题)

(一)设计理念

性教育就是对受教育者进行有关性科学、性道德和性文明教育培养的社会化过程。性教育不只是读一本书、听一次讲座或看一次录像，而是一个涉及家庭、学校和全社会的教育系统工程，也是一个随受教育者年龄不断发展的再社会化过程。在当前社会转型期，各种媒体多角度传播着性的相关问题。学生对"性"已不再陌生和避讳，甚至出现性行为和一些少女早孕的现象。作为教育工作者和心理工作者我们有责任和义务普及性生理、性心理、性道德等方面的知识，让高中生对爱情、早恋和喜欢之间有一个了解，在遇到一些男女生交往问题时，学会正确处理。

(二)方案目标

(1) 使个人获得与年龄增长相一致的有关性生理、心理和感情上的应有知识。

(2) 使个人对性发展中出现的种种现象(包括自己和他人)能采取客观和理解的态度。

(3) 消除个人在性发展和性行为中的焦虑和恐惧等种种不良情绪，促进身心健康。

(4) 帮助人们正确地认识与处理男女两性关系及其相关的道德与法律，增进对自己性行为所负的责任感。

(5) 对爱情、喜欢、早恋的区别有所了解，并学会正确处理。

(三)材料准备

彩笔、A4纸、视频、PPT、音乐《原来你也在这里》和《最浪漫的事》

(四)活动内容

该方案的各个阶段、主题、内容、目标等如表8-5所示。

表8-5　方案的活动内容

阶段	主题	内容	目标	操作	时间	工具	设置
阶段一	你是谁	1.绘画技术：两个我(8岁和18岁) 2.PPT一节生物课 3.看视频《早熟》片段 4.讨论在这个电影中你看了什么	1.通过绘画引导学生8岁和18岁的我发生了怎样的变化 2.通过分享，对自己生理和心理方面的变化有了一定的了解。通过PPT观看进一步学习 3.看电影《早熟》，对性知识、性道德有一个客观了解 4.在讨论中，给这个电影安排一个结局	热场：自我介绍，并且分成小组，每组6人 绘画：8岁的我和18岁的我 小组分享，教师引导 观看PPT对相关知识有了进一步了解 观看电影节选，讨论安排一个结局	120分钟	准备好相关笔、纸、音乐、视频、PPT	
阶段二	扫盲行动	1.爱情、早恋和喜欢之间的区别 2.冥想：你的爱情生活	通过小组形式讨论三者的区别 观看PPT进一步澄清并对早恋结果有一个认识 期待自己10年后美好的爱情生活	讨论：什么是爱情、早恋和喜欢。美好的爱情需要哪些条件？ 认识早恋的坏处 冥想10年后美好的爱情生活	60分钟		讨论中可以小组之间有所侧重
阶段三	向左？向右？	以小组为单位，分别对三种学生中出现的情况进行演绎，并提出解决的办法	在演绎、讨论的过程中，对高中生男女交往中的一些困惑现象和问题解决找到正确的办法	以小组为单位，演绎三个心理剧，并为主人公出谋划策	60分钟		要求学生就地取材演绎

(五)注意事项

(1) 教师要储备相关知识,做好 PPT。对《早熟》这个电影有个整体的把握和相关的认识。

(2) 在时间上有一个把控。

(3) 对绘画技术和心理情景表演进行相关指导。

第九章　体验式团体教育模式下的课堂

第一节　课堂的生命状态及影响因素

我们需要什么样的课堂？课堂应该是一个能量场，它可能是一个令人兴奋和充满神奇的地方，并成为塑造生命的场所。但是，这种充满能量、令人兴奋和有影响力的课堂不是自然而然发生的，它的缔造有赖于正确的理念和符合人的发展规律的过程和方法。

一、课堂的生命状态

过去，只要一说到课堂，很多人头脑里最先想到的是一间教室，这其实是严重窄化了课堂。

《新华字典》中这样解释课堂：教室在用来进行教学活动时叫课堂，泛指进行各种教学活动的场所。这种解释并不全面，它只给了课堂一个空间概念的解释。

从空间上来说，教室是课堂，校园也是课堂，家庭、社会、大自然都是课堂，因为学生的学习不只发生在教室里，也发生在教室之外的其他地方。但站在教育大背景下来看课堂，它就不仅是一个场所，更是一个过程，是一个师生互动、心灵对话的过程，是一个师生共同创造奇迹、唤醒各自沉睡的潜能空间的过程，是生命相互润泽的过程。

课堂不是名词，而是动词，是一个动态的生命状态，是一个不断变化、不断丰富的过程，是一个生命不断成长的过程。首先要明确在课堂中的生命状态角色主要指教师和学生。它需要师生呈现充满激情的生命状态，而老师在其中则发挥着重要作用——营造好这个动态的生命状态，并由教师的生命状态引发、促动学生的生命状态，这必然能收到最佳的教育效果。

当前很多地方都在探讨"建构式生态课堂"教学模式。在江苏等地区进行了大量的实践探索，并且从理论到实践层面都取得了突破性成果，现已从试点阶段进入推广阶段。

那么我们探讨的"三位一体"教学改革的课堂中生命状态到底怎样呢？如何实现这样一种状态？

(一)学生层面

从学生层面来说，应该追求一种学生学习过程中所处的外部环境以及心理、情绪、态度、智能倾向等内在因素充分地调动和发挥。班级里每个人在心灵的层面都出现一种会心状态：生生、师生是完全平等的，都感到自己是被尊重、信任、理解、关怀的，是自由的、温暖的、被爱包围着。课堂上学生都能做自己的主人，当一个人自己的生命被重视、被肯定而产生发自内心的愉悦时，他的学习激情便会被激发出来，其主动性、自发性也就不言而喻了。

这就要求教师放下架子，从讲台上走下来，放弃自己高高在上绝对权威的地位。走下来和学生站在一起，平等地交流对话，才能让学生把最好的状态呈现出来，师生之间的关系才能是真正的平等、和谐的。学生的生命状态，不是简单地接受知识、完成作业，不是简单的会做题考高分，而是真正参与到学习活动中，和教师对话、和同学交流，让潜能得到发展。在这样做之后才可以使学生愿意主动将学习延伸到家庭、社会中去，主动求知探索，发现更多的知识，增长能力，让天赋得到发挥。

《中国教师报》主编李炳亭对学生在课堂中的生命状态有这样一段描述：知识的超市、生命的狂欢。超市体现的是对"学生"和"学习"的尊重性、选择权、自主性，同时要求课堂呈现出丰富性和多义性，琳琅满目、各取所需，谓之知识超市。狂欢从"知识"到"生命"，课堂认识、思想、价值的变化带动课堂发生"质变"。课堂是学生成就人生梦想的舞台，是展演激扬青春的芳草地，是放逐灵魂的跑马场。

要追求这样一种生命状态必须要坚持课堂以学生为本的原则；同时，赋予孩子们课堂上五大权利，即自由表达与展示的权利、随时质疑和争辩的权利、自选学习内容和安排活动的权利、偶尔出错或"越轨"的权利、自我评价和同伴评价的权利。当我们把这些权利落实下去的时候，课堂上学生能不主动学习吗？自主、合作、探究、交流与分享能不成为课堂上的主旋律吗？

作为老师在设计课堂内容、过程和环境时，就要强调一种个性化的教育，突出一种基于人的个性自由成长的教育。在处理教学内容的时候，需要我们更多地关注学生的个性差异、教学环境、教学资源、教学目的、教学方式，从而使每个孩子都能在课堂中找到适合自己学习的生命状态。这样一种生命状态正是我们课堂教学改革追求的核心价值所在。张家港市教育局教研室蔡明的文章《生态课堂》七解有过这样的定义：诗意课堂、效率课堂、体验课堂、常态课堂、发展课堂。

冰心曾经说过："让孩子像野花一样自然生长。"蔡志忠曾经说过："让孩子快乐地成为他自己。"杨咏梅老师在其文章中曾有这样一段认识："也许我们在课堂上容易改变的是形式，诸如把讲台撤掉，把座位重新摆放等，而真正需要改变的是我们的教育理念：要建立创造性的课堂教学的生态体系，就需要我们在课堂上以问题为核心，开放学生广阔的思维空间，要重视教学过程的多种开端，在我们的课堂里，师生之间应该是和谐、民主、平等的关系，这样的课堂，才是激发孩子创新能力的课堂，才是张扬孩子个性的课堂。"

(二)教师层面

教师的生命状态，不是机械地完成知识的传输任务，而是用心授课，让生命完全投入课堂中和学生进行交流碰撞。包括教师对知识的敬畏和遇见新知识的那份惊喜、对工作的高度责任感和使命感、对未知世界的渴求与期盼，都始终洋溢在教师的脸上，这样才能感染学生、打动学生，由此激发学生对知识产生向往的热情。

当然，这样的课堂对教师自身的要求也极高，尤其是教师自身的生命状态呈现和教师心理资本的多少有着密切联系。

因此教师要想很好地体验这样一种生命状态，首先自身要树立正确的教育观、正确的教师职业价值。

教育需要教师具有一种博大的胸怀无私的精神、一颗充实而圣洁的灵魂、一腔虔诚温馨的情怀、一股追求完美人生的信念，而于此唯有读书。这种人生和职业理想能使教师不断增长职业智慧，使自己的教学思想闪耀着睿智的光芒，充满着创造的快乐，让学生以最轻松的方式获得最有价值的收获，而这就是教育，这就是生活。

其次要多读书、多学习、多反思。

俗话说：腹有诗书气自华。一个爱读书的教师在课堂上必定是自信的。书读得多了，课堂驾驭能力自然就强了。

诚然，一个人的生命是有限的，怎样才能让有限的生命过得充实富有、多姿多彩？怎样才能让有限的生命飘溢着浓郁的清香，闪耀出无限的光辉？怎样才能提高生命的质量，让生命增值呢？那就是读书。

苏霍姆林斯基在《给教师的建议》一书中谈得最多的是读书，"教师获得教育素养的主要途径就是读书、读书、再读书"。著名教育学家朱永新教授也这样认为："没有教师的发展，永远不会有孩子的发展；没有教师的快乐，永远不会有孩子的快乐。教师的成长，教师的发展，教师的快乐，都可以从书中得到！"作为教师，我们深知：亲其师，方能信其道。教师只有饱读诗书，墨水浸透，方觉面目可亲、温文尔雅，也才能为学生所称道、所信服、让我们在读书中营造教育的和谐之美！

教师的生命状态决定教师的课堂状态，更甚者决定了学生的课堂状态。一池没有涟漪的秋水算不上一道风景，一个静若止水的课堂也同样缺失教育的魅力。所以我们的教育呼唤生命课堂，让我们的每一节课都能焕发出生命的活力，流淌出生命的动感。

(三)心理层面

要加强教师群体心理资本建设，在自我效能、乐观、希望、韧性等方面加强培训、学习和提升。教师的心理资本也是一种心理能力，与教学效果相匹配。自我效能感高的教师会投入更多的热情和精力在自己的教育事业上，在课堂上更能发挥自己的潜能，对学生更有责任感，从而也会有更好的教育质量和教学成绩。充满希望的教师，会运用科学适当的教学方法，根据教学中遇到的问题及时调整教学方案，敢于创新和反思。个性乐观的教师，会在个人事业发展遇到"瓶颈"的时候，不断总结经验，勇于自我突破。具备韧性的教师，面对捣蛋问题学生、班级管理中的难题，会在迎接挑战中感受工作的快乐，体验教师角色的幸福感。

(四)总结

一是需要教师用生命去备课(精心做好上课的各种准备,包括教学内容的内涵与外延的理解、教学资料的丰富、教学实验或实践等);二是需要教师用生命去教学、用心关注、呵护每个学生,尊重每个学生的生命。

课堂不仅是知识的呈现,更是每一节课贯穿起来所形成的立体的课堂;它不会在一节课里有多大的成效,而是努力发生在师生整个成长过程中——从教学的准备,到课堂,到课后,它会因生命的投入而鲜活,因生命的相互润泽而成长,因生命的自由而绽放出灿烂之花……

新课程所倡导的新课堂,应该是回归人性、尊重个性、关爱生命的课堂。生命化课堂的构建,一方面强调遵从教育教学规律和学生身心发展规律,体现教学活动的科学性;另一方面强调主体存在的意义,关注人的生命和价值,寻求教育向生活世界回归。这样的课堂是建立在对教育的本质、办学规律和时代特征的深刻认识的基础之上的新教育追求,将成为引领课堂文化和教学行为的方向。

通过课堂,让师生都能关注生命、尊重生命、珍爱生命、欣赏生命、成全生命、敬畏生命,进而提升生命的品质与价值。

二、教学效果最优化的影响因素

对教学效果最优化通俗一点的理解就是最佳的匹配关系的建立。

比如一节课的优化可以是教学内容与教学目标、教学情境、教学技术、动力发展、教师角色把握以及包括教师人格、能力、理论水平之间各个层面之间匹配关系的建立。当所有匹配关系达到协调、一致时,最优化的境界就达到了。那么作为教师的我们就需要首先在理论层面知道这些匹配关系建立的重要性,然后从自己最拿手的层面去建立各种匹配关系,在自己不断教学实践中完善和成长。因为成长在过程中,改变在不知不觉中。

高效课堂的特征有:主动性、生动性、生成性。主动是学习状态,"主动"会激发潜能、乐在其中,带来效益、生成能力;生动性,是追求课堂的情感价值,突出"学乐"和"乐学",学习如饮甘露琼浆,变"怕上学"为"怕下课";生成性,课堂要敢于变各种"句号""叹号"为"问号",追求"主体多元",鼓励不同个性的学习见解,让思维激荡思维,让思想冲撞思想,让方法启迪方法。课堂的智慧、高潮、价值尽在"不可预设"的"现场生成"上,一切的预设应服务于"现场",而不是让"现场"服务于预设。

(一)课堂动力形成因素

关于动力问题在第三章中已经讲过许多,在这里我们重点从课堂教学层面来分析这个问题。在课堂中动力形成因素很多:从物理层面包括教室大小、学生座位的安排、班级内布置、文化因素、男女生人数等；从人的层面包括教师、学生、小组、班级；从教师层面包括教学内容的设计、教学目标确立、组织课堂的能力、掌控课堂节奏、在教学中一些规则的设置、教师人格魅力、教师声音大小、处理突发事件的能力等。

比如，教师在教学中教学内容设置得过多，重点不突出，对教学内容安排中哪些是学生自学、哪些是小组探究展示、哪些内容需要教师讲解、哪些是班级学生一起学习完成，如果这些方面没有设计好，在课堂上就容易形成一言堂的平淡如水的课堂、学生昏昏欲睡课堂甚至还可能不能及时地完成教学任务。

在人的层面形成动力均衡的效果除了教师的因素外，关键在于学生、小组、班级三者点、线、面关系的良性建构和发展。这里首先要涉及的第一核心人物就是我们每个小组的小组长人选。例如，这个组长在小组里有一定的组织能力，在学习方面或其他方面在小组中具有榜样示范的作用。如果是数学学科小组长，他在解题、讲解、触动小组成员学习、完成导学案、上课发言等方面都是本组第一。作为教师要及时表扬鼓励树立组长的威信，同时在组间和班级形成介绍小组先进管理经验的氛围和平台，让学生之间、小组之间相互学习、扬长补短，实现整个班级的稳步推进的蒸蒸日上班风。

"三位一体"教学改革从新课程的三维目标(知识与能力、过程与方法、情感态度与价值观)出发，提出教师角色的"三位一体"。(时而在前引领，时而在后推动，时而陪伴在学生左右)；教学过程的"三位一体"(讲解、体验、分享)；教学过程动力发展的"三位一体"(学生、小组、班级)。"三位一体"教学改革以新课程改革的三维目标为方向，以优化教师、学生、课堂动力为着力点。 学生、小组、班级三个点和面的动力运动，是"三位一体"高效课堂的技术革新。

(二)班级动力均衡

1. 培养水平相当的小组长是组间动力均衡的有效办法

在诸多环境影响教育的因素中，榜样的力量是至关重要的，学生在班级里、在小组里，如果有一个信任、学习的榜样，他的改变既是外在的，也是内部主动进行的。教师要善于寻找和树立榜样，通过榜样，促使学生向着"最近发展区"不断迈进。

小组长就是树立榜样的第一人选。在我的语文课上，小组建立的最初时期，语文小组长会成为朗读课文、回答问题、小组活动组织、小组比赛的"评委"等诸多课堂活动的组织者和第一个参与者，并且在活动过程中坚持鼓励表扬为主的原则，树立组长的自信心，让各个学习小组的组长有"领头羊"意识。再加上班级各项活动的锻炼，这两个班级很快涌现出几个非常得力的组长，为以后的工作奠定了基础。

在适当的机会引导小组长之间相互学习，取长补短，共同提高。

2. 必要的课堂设置是组间动力均衡的有效措施

以往的课堂更多的是依靠学生的积极性调动课堂，再加上适时的鼓励，推动课堂教学向前进行。这种做法有它的优势，凡是积极主动回答问题的都是该科学习兴趣较浓且成绩不错的学生，思考的积极性很高。但这种自觉的课堂动力很难均衡，通俗来讲就是会的更会，不会的照旧不会，很难面向全体学生共同发展进步。而且我们的改革形式上的变化就是以小组的方式学习，再单凭兴趣和自觉很难实现真正意义上的自学互学。

课堂设置的方式有很多，现列举几种尝试，以共同讨论，切磋改进。

(1) 课堂的常规设置——小组内明确分工。这和我们最初的小组建设是统一的。组内有明确分工，每周有角色轮流，尤其是发言人角色，并形成组间发言竞争。我们的课堂都在坚持这种做法，已经形成课堂常规。

组内成员的分工明确、关系清晰会促进小组间的动力均衡，每个小组(以六人为宜)的成员都有自己的职责，人人有事做，就有利于实现效能的最大化。

例如，每个小组六人，一人为学习组长，一人为纪律组长，一人为记录员，一人为中心发言人，一人为记分员，一人为讲师，这样的角色分工，就能让组内成员在合作时快速进入状态，针对学习目标进行思考。在这一分工中，还要明确成员之间的关系——既独立又合作，学习组长负责组织小组合作学习，纪律组长维持秩序等。组内成员的分工应该是轮换的，可以采用除组长外每周轮换的方式，这也就慢慢地促进了小组间的动力均衡。

分工合作是在教学过程中兼顾到学习效率和学生情感需要的做法，语文基础知识的学习、写作素材的积累、知识模块的总结等特别适合分工合作，小组内的成员各自领好任务，收集整理，全班交流，从而实现资源共享。

课堂的常规设置是稳定执行的，有利于长效发展。学生不同角色的轮换体验，也有利于尝试不同的体验，达到相互理解沟通合作。

(2) 课堂的随机设置——抽签方式。我们有个传统的易为大多数人接受的处理问题的方法——抓阄，有上天注定和运气的思想在里面，我们借鉴而来，进行课堂动力建设的尝试。分为两种做法：一是有几道题抽签决定答题小组，具体回答学生小组自定；二是小组和答题人都抽签决定。这里重点谈的是第一种情况。

尤其是习题课，由抽签决定，先确定好任务，考虑任务量的分配，小组派代表抽签，抽到后小组讨论组织语言回答问题，并派一人回答或写到黑板上，全体同学互评完成。具体到语文学科，一些阅读题目、语言表达题目、诗歌鉴赏的题目非常适合这种方法，既锻炼了回答问题的学生和小组，也对全体同学的答题进行了规范。

在完成习题的过程中，抽签方式也能很好地调动各个小组的积极性，关键是让所有的学生参与到学习的过程中来，自然就会提高成绩。采用这种方式要注意任务分配的均衡，每个小组可以设计为两节课完成一次循环任务。采用这种方式要注意评价时的鼓励性语言，尤其是面对得分较低的小组要多加鼓励。

(3) 课堂的临时设置——根据课堂教学内容的设置。比如学习文言文时，临时把小组再拆分成两个三人组——一人阅读、一人翻译、一人指出重点的方式学习。通过这种分组方式进行组间竞争，这就要求组长做好人员的统筹安排，以"两个人"的方式与其他小组比赛。

实践证明，这样的学习方式也能最大限度地实现动力均衡。

学习诗歌模块时，如何引导所有学生朗读背诵是学习的关键。因为是阅读，很多同学不重视，学习这个模块内容时，我结合小组学习方式进行临时设置：以个体为单位，最先背下来并能默写没有错误的给小组加分，同时加设一个条件是必须超过半数会背会写，每个小组按先后名次和人数加分。学生这时期，个体很容易懈怠，但成立小组就不同了，为了小组的荣誉、为了自己的尊严，每个学生都能积极诵读，有了熟读背诵的基础，再来分析领会诗歌的内涵、鉴赏诗歌的创作方法就有的放矢了。

3. 加减分设置是组间动力均衡的有效保障

从小组学习方式来看，加减分措施发挥着举足轻重的作用。学案分数、检测分数、课堂回答分数、小组集体回答分数等牵动着小组的每一个成员，尤其是必须以小组方式完成的学习任务，都不掉队才给小组加分更是调动了全体学生的积极性。我的语文学科学案完成为优加3分，基本完成加2分，合格不加分，没写或不合格减1分。检测分数根据题量按10分、20分两个标准计算，加入小组总成绩中，课堂提问按2分计算，小组展示按5、4、3、2分计算。成绩量化标准统一，学生知情。

多加分少减分能鼓励学科成绩较弱的学生在课堂中积极参与。在理科班这样做尤其必要，不让代表小组的学生有太大的思想压力。

及时公布小组周成绩也能有效调动小组学习动力的持续发展，促进小组动力均衡。

4. 教师的作用是组间动力均衡的重要着力点

教师是班级中时而在前引导、时而在后观察、时而在左右陪伴的最重要个体动力点。由于教师这一点太强，因此要适当抑制，保证学生的点在呈现时更主动、更显著。教师是课堂教学最开始的动力，由这个动力推动整堂课的学习。从语文教学的角度来看，课堂上课仍很关键，如何让学生快速进入当堂所学情境仍是每位语文教师应该具备和提高的基本功。

教师要引领小组确定目标，目标的确立可以诱发人的动机，从而形成积极行动的动力倾向。目标激励就是通过目标的设置来激发人的动机、引导人的行为，使被管理者的个人目标与组织目标紧密地联系在一起，以激励被管理者的积极性、主动性和创造性。班级要有目标，小组更要有目标，目标就是生命的方向，是行为的一种诱因，具有诱发、导向和激励行为的功能。因此，适当地设置目标，能够激发人的动机，调动人的积极性。

教师应关注学习组长的长期指导，帮助小组长成为小组学习的领路人。一个班级的任课教师应该形成合力，共同培养。如果组长是分科设置的，那就单科培养。一旦有较弱的组长出现，不要急于更换，而是要耐心指导。

教师在教学过程中要善于发现斜对黑板容易成为视觉忽略的座位上的学生，根据动力点原则，教师在课堂上要移动脚步，在那些容易忽略的点上多做停留，或用鼓励的目光或用信任的点头或站其身后停留等方式引起该同学的注意,让该同学这个动力点燃。有老师的关注,任何一个学生都会积极表现。

当然,传统教学中的课堂激励措施也是教师必备的基本功之一。教师适时适度地激励、多角度观察鼓励都能有效地保障课堂持续的动力。

小组建设动力均衡只是一个方面的考量,教师的关注点放在小组这个层面上,并不是不关注个体和班级整体,个人、小组、班级是一个有机整体,理想状态当然是每个个体都焕发活力,在课堂上呈现蓬勃昂扬的生命状态,从而使整个班级呈现蒸蒸日上的学风。我们现在做的就是实现小组的向上动力进而扩大到班级。要实现理想,就要以小组为依托,向着目标前进。

第二节 课堂中的教育心理技术

一、场地建设、控制和把握

课堂的本质是一个场,并且是一个能量场,它可能是一个令人兴奋和充满神奇的地方,并成为塑造生命的场所。但是,这种充满能量、令人兴奋和有影响力的课堂不是自然而然发生的,它的缔造有赖于正确的理念和符合人的发展规律的过程和方法,场理论有深厚的理论基础,下面做一下简单说明。

首先是群体动力学。简要说:群体动力学就是在群体中,只要有别人在场,一个人的思想行为就同他单独一个人时有所不同,会受到其他人的影响。

社会心理学之父勒温认为:将个体行为变化视为在某一时间与空间内,受内外两种因素交互作用的结果。其基本要义是:在同一场内的各部分元素彼此影响;当某部分元素变动,所有其他部分的元素都会受到影响。因此他用场论来解释人的心理与行为,并用以下公式表示个人与其环境的交互关系:$B = f(P \cdot E)$。

其中,B: behavior 行为;P: person 个人;E: environment 环境;f: function 函数。

此公式的含义是,个人的一切行为(包括心理活动)是随其本身与所处环境条件的变化而改变的。场论强调的是生活空间,认为个人活动于其中的空间是一个心理场。这个场内的全部情况决定着某一时间内的个人行为。心理场并不必然是物理场,生活空间所包括的是个人和个人感知到的他人和客体。那么我校课堂教学改革模式中一个重要的元素是关于场的建设。

如何完成场的建设?老师要发挥主导作用,技术也要发挥本身心理学的能力,又要让团体动力激发出团体中每个个体的积极性。当这三股力量结合在一起时,我们完美场的状态就出现了。比如,在昨天晚自习我的课开始时,两个小组背对背手拷手下蹲 1 分钟比赛,加强小组建设,形成小组合力、动力。在课结束时小组长点评今天本小组进步最快的学生,全组面朝他热烈鼓掌 1 分钟。那一刻被表扬同学内心深处一定得产生触动,对本组、对这一课的学习产生新的认识。在这样物理场和心理场的作用下，学生学习的积极性和主动性就被充分调动起来。

下面重点说明一下为什么要进行场的建设，以及场的控制和把握(课堂管理)中需要哪些技术手段。

(一)为什么要注重场的建设

场建设的重要性概括为一点是：创造一个积极向上的社会环境，即归属感(成为独一无二的一种群体知觉，将我们和他们区别开来)的需要和团体内聚力(在团体内部的紧密感和亲密感)的需要。

培养班级的归属感的方法：①采用一个班级的昵称、标志、口号，并将它们展示出来；②分享一些特殊班级经历(班级活动、讲座)或个人在课堂的独特经历；③形成班级特殊管理(读书会、联欢、郊游、生日)；④创建班级报纸或时事通信等。

增强内聚力的方法：①鼓励并加强成员之间相互交流和相互依赖的关系；②设立共同目标；③将课堂时间结构化，允许学生和学生之间交流和相互作用；④发现学生个体特性，鼓励其与同学分享，成为同学的指导老师。

(二)场的建设需要的技术手段

课堂管理是指为了营造和维持一个有序的学习环境而采用的各种措施。广义的课堂管理包括：教学材料的计划和准备、课堂的组织、教室的装饰、制定和实施课堂常规和规则。

我们首先要明确一个思想，课堂管理不仅仅是控制学生，更有体现学生发展的需要。其次，我们要知道为了加强课堂管理需要下面几个技术手段：面面俱到的关注、预防、干预。

1. 面面俱到的关注

面面俱到的关注即应针对课堂中所有的学生，而不仅仅针对那些易于中断学习的学生，这样才能最大程度地促进学习。

2. 预防

除了教室物质布置外，为了营造和维持一个良好的学习环境，尽量减少学习的中断，课堂的活动和心理氛围的管理也是重要因素。

那么教师需要做到以下几点。

(1) 在开课时为课堂设定基调——初始交往为后续交往设定了期望值。

(2) 提供有价值的课堂活动——通过增加学生投入度来预防课堂管理问题的发生。具体包括：有价值的课程；以学生为焦点(满足学生归属需要、传授知识需要、愉悦需要)；幽默；准备(按时开始上课，上课开始和结束按规则进行)；过渡要迅速，讲话要对着学生而不是课本或黑板。

(3) 形成有利于学生进步的常规——管理型活动(出勤、迟到处理)、教室事务的处理(活动后教室清理、文件夹存放、桌椅摆放)、上课常规(收取作业、课堂检测)、课堂互动(引起教师注意、对同学帮助)。

(4) 制定课堂规则——必须清晰,并且有具体的操作性规则。制定规则是以能否增强并促进一个有效的学习环境为尺度。

如何维持有效的学习环境呢?

明察秋毫:教师在任何时候、在教室任何位置都能对课堂了如指掌,洞悉课堂发生的事情。

动量和流畅性:课堂没有出现较严重的学习中断,从开始到结束都能顺利进行。

团体警觉:教师采取一些技术吸引整个团体学生注意力并提高其专注程度。(技巧包括环视整个班级引起注意;同时采取集体回答和个体回答;使学生处于悬念状态或抛出具有挑战性问题)。

学生责任感:教师在课堂上要不断走动,随时要学生直接回答问题,让尽可能多的学生参与,增强其责任感。

效价和挑战唤醒:为了避免厌烦,不断变换教学的材料和模式。教师会采用各种技巧改变此刻的效价,从而使用挑战来唤起学生。

一心多用:学会同时处理多件事情。

3. 干预

为什么需要干预呢?我们的观点是:每个人都可能有心情不好的时候,从而在课堂上做些与学习无关的事情。在干预时要考虑以下几点。

(1) **课堂规则**:是否清晰、具体、易于理解。

(2) **后果**:强调正面积极的做法。

(3) 不去理睬次要的、不严重的事件。

(4) 反应迅速、一贯,要保持冷静。

(5) 制定一套反应层次系统,从不显眼的干预技术(空间靠近、目光交流)到更加正式的干预措施(反应代价)。

(6) 让学生保有自尊(和完美形象),采用温和的态度训斥。

(7) 采用关怀性的方式,不引起肢体冲突。

(8) 抓住学生良好行为,强化学生的适当行为。

(9) 强调课堂中的合作目标结构。

本次校园通讯的内容理论性较强,要想很好把握,还需要我们认真研读。要知道再好的理论和技术必须与课堂实际结合起来,和每一天的教学结合起来,才是有用的东西。

二、课堂中教育心理技术

教育技术的实质是描述解决教和学问题的技术过程和工具的使用。教育技术在发展过程中要从教育学、心理学、传播学、系统科学等有关的研究成果中寻求理论依据，作为自身进一步发展的指导理论。教育技术是教育中的媒体、教育心理学和系统方法的融合，融学习与教育心理学、传播学、系统科学等学科的概念、原理和方法于一个有机整体之中，创造出一门新的学科体系。

那么在课堂上我们需要技术吗？又需要怎样的技术呢？

在课堂上要实现我们的教学目标当然需要技术了，并且在班级授课制的条件下需要的是团体技术。关于团体技术在第一章体验式团体教育模式的概念中就介绍过两个核心的技术，即体验式团体教育技术和体验式团体心理技术。

体验式团体教育技术就是运用具象法、象征法、模拟法等多种科学方法，对教学内容在团体动力场中进行立体、全面的转换与制作的手段与过程。体验式团体教育技术从理论背景方面看分为教育技术和心理技术。那么我们在课堂上就是要使用团体教育技术和团体心理技术，只是团体教育技术占的比例更大一些，教育层面更多一些。比如：情景的引入这本身就是要以引起学生对本节课知识的注意(心理层面)、引发思考和探究(认知层面)，为后面的主动积极学习行为产生做了一个良好铺垫的技术。

第三节　课例展示及分析

一、语文

(一)稳推课前预习

1. 做好课前预习，是课堂上进行交流和探讨的前提

从心理学角度来看，预习是一种学习的心理准备，为上课打好思维定向的基础。做好课前预习能培养学生的自学习惯和自学能力，有效地提高学生独立思考问题的能力，有助于学生带着自己的问题和探究在课堂上进行交流、讨论和学习，使学生真正成为学习的主人、课堂的主角。做好课前预习能明显地提高学生学习的效率，激发学生自觉学习的主观能动性，获得课堂学习的主动权，从而达到优化课堂整体结构甚至优化课堂细节的作用。做好课前预习能更好地实现新课程体系下的"三维目标"。课前预习相当于是将一部分知识前置，我们在课堂上可以把这部分时间留给学生来进行交流、讨论和探究。所以在我校的"三位一体"课堂教学改革中，把课前预习放在了第一步，这是一个重要的前提。

2. 做好课前预习的指导和检查，是推进课前预习的重要保障

(1) 要教给学生预习方法。帮学生设置一个预习提纲，可以是构建本节课的一个知识网络，使学生通过预习对本节课的内容有一个初步的认识；也可以是对本节课的一个基本点进行初探，然后指导学生怎样完成这个预习提纲。

(2) 掌控预习的时间。预习的时间控制在 10 分钟以内为宜，最多也不能超过 15 分钟。如果各科的预习时间过长，学生没有那么多的时间，就会有应付现象，使预习流于形式，不仅不能发挥其积极的作用，而且还浪费了教师和学生的时间和精力。

(3) 预习检查要落到实处。对学生课前预习的效果要有检查和反馈。可以通过批阅下发的预习提纲、课前提问或是小测，检查学生的预习效果。同时还要对学生的预习情况进行点评，对完成质量较好的学生要及时进行表扬和奖励，从而提高学生预习的积极性。

(4) 让预习形式多样化，不断给学生以新面孔，将知识性与趣味性融合起来。现在教师的课前预习都是反映在学案上，让学生以填空的形式完成，还设有"我的疑问"这一栏。还有的教师在预备铃响后，指定专人组织齐读概念和重要的知识点，这都是很好的形式。但在内容设置的形式上，我们应多动脑筋，如果每次的预习都是千篇一律的，学生就会产生懈怠情绪。

3. 让课前预习走进课堂，发挥其积极作用，是课前预习稳步推进的抓手

课堂内容的设置应在预习的基础上进行，这样既督促和奖励了学生的预习，又让预习的积极作用得以体现，这是教师应该注意的地方。如果我们课堂上开篇从头开始，那学生预习的价值没有得以体现，还去预习做什么？所以我们可以对预习过的内容进行简单的提问或总结，进行一次再现就可以了，而学生通过预习可以掌握到位的就不要再重复了，我们应把这块时间省下来进行探究和交流，提高课堂效率。

总之，我们只有把课前预习抓好、抓实，后面的"自学交流 呈现学情""学生互教 教师点睛"才能有效地进行。

案例一：《采薇》教学设计与反思

【教学目标】熟读成诵，归纳诗歌的章法特点、表现手法等方面的艺术特色以及本诗深刻的思想内容。

【教学重点】疏通课文，鉴赏课文的思想内容和艺术形式。

【教学难点】疏通诗句，体会抒情主人公复杂的情感。

【教学方法】诵读法、合作探究法。

【教学过程】

(一)创设情境、导入新课

1. 引课：

《诗经》是我们祖先第一次深情的吟唱，从它诞生之日起如同日月经天、江河行地，历代文人就没有不被其照耀、被其润泽的。《诗经》有一首写新嫁娘的诗"桃之夭夭，灼灼其华"，有一首表达夫妻生死不渝的爱情诗"我心非石，不可转也；我心非席，不可卷也"，有一首最悲哀的诗"执子之手，与子偕老"。

今天我们学习描写古代战争的诗歌《采薇》。

2. 复习《诗经》的基本知识点以及《氓》的背诵情况(以小组必答的形式)

一组：诗经又称什么，共有多少篇　　二组：什么是"诗经"六艺
三组：解释"风雅颂"的具体内容　　　四组：解释"赋比兴"的含义
五组：背诵《氓》第一节　　　　　　六组：背诵《氓》第二节
七组：背诵《氓》第三节　　　　　　八组：背诵《氓》第四节

教师根据回答情况进行给分。

(二)整体感知

1. 学生自读诗歌《采薇》

2. 诵读感知

(1) 结合注释，自由诵读。

提示节奏：四言诗，每句一般读成"二、二"节拍。

采薇/采薇，薇亦/作止。曰归/曰归，岁亦/莫止。靡室/靡家，猃狁/之故。不遑/启居，猃狁/之故。

(2) 每个小组派代表读。

(3) 齐读。

(4) 男女生分节读。

3. 疏通诗句，厘清思路

学生课下已经把学案完成，各组组长课前进行了检查互评。

(三)文本研读

完成学案设计的内容。

(1) 概括本首诗歌的内容和主题。

(2) "赋比兴"在本首诗中的具体表现。

(3) 体会并概括戍边将士的复杂心情。

(4) 鉴赏本首诗的最后一节。

小组点评：如1、2、3、4组展示，5、6、7、8组点评。

(四)文本探究

诗歌是一种最古老的文学形式，它用语言在我们的意念中勾勒出一幅幅生动的图画，传达一种内在的情感，而中国古典诗歌的魅力就在于它能用凝练的语言激发读者无限的想象力。《采薇》这首诗一共六章，这六章我们可以分为三个镜头或画面，下面我们用自己的语言来描述这三个画面——我们把1~3段分为一个镜头，4和5段分为一个镜头，第6段单独分为一个镜头，通过镜头体会原诗所采用的艺术技巧。

注：5分钟练笔时间，小组内互相分享，挑选最好的一篇展示。

【教学预设】

镜头一：采薇思归

深秋，夕阳如血，一位满面尘土与愁容的士兵，坐在军营不远处的旷野中，远眺着故乡的方向，干裂的嘴唇喃喃地唱着故乡的小调，内心涌动着浓浓的乡愁：又是一年岁末了，

薇菜柔嫩的叶子也逐渐变得枯硬,家乡的柳树又长高了吧!战争何时才是个尽头?贪婪的狁犹何时才肯罢手?我的思念像一盆烈火,烧灼着五脏六腑,柳条新发之时,我能否嗅到故乡的气息呢?

感情提问:如果你作为这部电影的主角,你应该如何把握每个镜头的情感?

镜头二:疆场思归

军旗在十月的风中猎猎飘扬,战场上烟尘滚滚,将帅乘着四匹高大雄壮的马驾着的马车,昂首而来,士兵们向着军旗的方向呐喊着、奋勇杀敌着!英勇的战马、整齐的军队、精良的武器,无不让狁犹人胆战心惊,敌营人叫马嘶,我们所向披靡!

镜头三:归家之哀

冬雪霏霏,战士们终于踏上了归途,风尘满面,又饥又渴。

"昔我往矣,杨柳依依",当年我离开故乡,杨柳依依惜别。"今我来思,雨雪霏霏",现在我踏上归途,只有漫天的飞雪,青春不在,年华不在,爱情安在?家人安在?家园安在?

拳拳赤子心,悠悠故乡情,走过千山万水,走不出魂牵梦萦的故乡,故乡的种子埋藏在游子的心房。"昔我往矣,杨柳依依;今我来思,雨雪霏霏……"这缓缓的吟唱超越了时空的隧道,依旧向我们诉说着人类那亘古不变的思乡愁绪。

案例二:《奥斯维辛没有新闻》

(一)教师要整体把握文本

教师要深入解读文本,多角度、多层面地,力求完整。

1. 了解与本文相关的知识

在文题的解读中,奥斯维辛没有什么新闻,那么我就要问,此时奥斯维辛有什么?同时对于作者罗森塔尔,我要完整地了解其人、了解普利策新闻奖,同时了解奥斯维辛集中营的相关情况,了解法西斯、了解纳粹、了解"零度写作"。

2. 深入地解读文本

整体把握全文的内容,从课文内容上领略,分清文章的几部分。这篇文章属于新闻题材,文章的结构层次包括导语、主体、结语三部分。同时深入探究重点段落,抓住重点字词、语句的理解,各个突破。文章主要是开头与结尾的景物描写和细节描写。

(二)教师要找好切入点

一篇文章需要讲解的知识点特别多,如果面面俱到就会面面不到,选择合适的切入角度,与这节课要达到的目标相匹配。有位教师曾经说过:"理性的文章用形象的方式教学,形象的文章要突出理性的色彩。"对于这篇形象的新闻报道来说,我要从中突出其理性的东西,所以我把目标定为"学习作者用特殊角度写重大历史事件的写法。作者采用的是从新闻角度切入"。因此我设计了两个探究问题。

(1) 新闻是什么?文章题目为"奥斯维辛没有新闻","没有新闻"在这里是什么意思？你是怎样理解的？

(2) 二战后关于奥斯维辛集中营的新闻报道很多，而罗森塔尔的报道说"奥斯维辛没有新闻"却获得了普利策新闻奖，成为新闻史上的名作，这是为什么呢？

1. 创设情境，小组合作探究

语文课堂是学生的课堂，语文教学无非是要达到对学生"听说读写"能力提高的目标。结合我校的三位一体教改模式，我把学生就近分成八组，各组选出组长，并提前下发学案，课前检查学案的完成情况，并给出分数。课上以小组为单位进行合作探究，并根据各组的完成情况予以打分。这样学生就成为课堂的主体，老师只是主导。当然为了调动学生能积极参与，创设课堂情境，我首先要求学生整体感知文本，找出参观路线，然后由一名同学做导游，带领我们作假想的参观，然后再出示图片给学生更直观的印象，引导学生设身处地地去感受和体验。

2. 对精彩段落和语句突出品味

这篇文章的精彩段落和语句主要是细节描写，这个问题正好是我第二个探究问题涉及的内容。让学生在阅读中找寻、体会。比如开篇和结尾的景物描写有什么作用，还有照片墙上的20多岁的姑娘等细节。

3. 注重比较阅读

所谓的比较阅读，即把内容相关而又有所不同的文章联系起来进行比较式的阅读，它是一种同中求异、异中求同的思维过程？有比较才能鉴别，"操千曲而后晓声，观千剑而后识器"这句话告诉我们一个道理——比较，是人们认识、鉴别事物的一种有效方法。所以，我设计的第二个探究问题，就用了比较阅读。我把相应的有关奥斯维辛的客观报道和本文作对比。学生很容易就能找出二者的区别，从而完成我的教学目标。

4. 注重举一反三

为了更好地完成教学目标，突出新闻报道是客观报道和写主观感受的不同，我设计了以下作业。

以"奥斯维辛，我想对你说"为开头做200字的续写。(主观感受)

以"奥斯维辛，历史不会忘记"为开头做200字的续写。(客观报道)

进一步体会以不同写法来写作重大历史事件。

语文课堂要变得生动、有感染力，就需要语文教师满怀激情地投入到文本中去，去研读、去探索、去发现，再把这种收获和体会在学生身上得到延伸和拓展。语文教学的研究永无止境，我在路上，我在努力！

二、数学

案例：立体几何中的向量方法(二)

【教学目标】

1. 使学生理解用向量方法解决立体几何问题的一般方法，并能应用。

2. 能建立空间点与点、点与平面的距离与空间向量之间的联系，会用向量求点与点、点与平面之间的距离。

3. 在小组合作学习的过程中，激励学生形成主动探索、勇于发现的学习生活态度和互帮互助的人际关系，并在交流中让学生体会到自我价值的呈现。

【教学重点】把立体几何问题转化为向量问题。

【教学难点】用向量法求点到平面的距离。

【教学方法】小组合作、探究。

【教学过程】

1. 引课：在前面的学习中，我们把立体几何研究的基本对象点、线、平面的位置用向量表示出来，其目的就是为后面用向量解决立体几何问题做好铺垫。从这节课开始着手进行用向量方法解决立体几何问题，本节课要研究的是用向量的方法求点与点、点与平面之间的距离。立体几何中的距离问题有点点距、点线距、点面距、线线距、线面距、面面距，其中主要研究点点距、点面距。

2. 简评导学学案，学生讨论、互查预习内容，三个小组展示、讲解解题思路。

拓展1：例题的逆向问题，加深对例题的分析理解，以及用向量法解决立体几何问题的思路和过程。

拓展2：用向量的模长求两点之间的距离，要注意向量间的夹角的确定。

3. 学生独立思考例题拓展3、4和用向量法求点到平面的距离。

4. 小组讨论上面两个问题，并展示。

拓展3：将点面距转化为点点距，利用解直角三角形和向量的数量积求出两个向量之间的夹角(还可以用几何法 $\cos\alpha\cos\beta=\cos\theta$)。

拓展4：将面面距转化为点面距。只有互相平行的两个平面才有面面距。

5. 用向量法求点到平面的距离的公式的推导。

6. 学生独立完成练习1、2，巩固刚刚推导出来的点面距离的公式。

练习1：平面的法向量直接就可以确定，还可以用几何法和坐标法。

练习2：正确求出平面的法向量是关键。

7. 小结：用向量法求空间两点之间的距离和点到平面的距离的方法(见学案)。

利用向量方法求解空间距离问题，可以回避此类问题中大量的作图、证明等步骤，而转化为向量间的计算问题，这是立体几何中的一种重要方法，也是向量知识的重要应用。

三、英语

案例一：必修第五单元写作(Writing)导学案设计思路及小组建设

【设计原因】

在高中英语教学中，书面表达训练一直占很大比重，在英语高考各大题型中，书面表达也历来是失分率较高的一种题型。书面表达作为一项全面考查学生在字、词、短语、句子、语法、篇章结构方面能力的题型，在高考中越来越体现出不可估量的分量。本单元的写作训练是写一封建议信。书信写作是学生较为熟悉的一种文体，但是建议信在写作内容上和以往的感谢信、求助信等又有所不同。所以，本节课从两个方面确立学习目标：一是复习书信的结构并学习写建议信；二是学习一些表达建议的常用句式。

【设计思路】

课前预习：上课前一天发下预习学案，一篇建议信的范文。要求学生自行品读，分析其结构，标出文中的重点词和短语，分析揣摩其长难句，并注意衔接词。让学生观摩领悟，归纳出这种题材作文的写作技法，并背诵这种题材作文的常用表达句式。给学生在学案中推荐一个写作模板让学生课前完成。

课上探究：课上先检查学案完成情况，然后进一步探究写作技法。先小组讨论怎样审题谋篇，某小组派代表说出本组观点，其他小组补充纠正，教师点评归纳。然后以小组为单位讨论文章格式和难句型，文章的人称和时态，文章的结构，文章的内容要点，涉及的重点单词、短语和可用的句型结构，常用的开头和结尾句型等。根据小组讨论的内容，学生先将涉及文章要点的句子写在练习本上，然后根据教师分配的任务把句子写在黑板上，其他小组同学可以前去纠错。教师点评通过讨论说出每个句子的优缺点。

当堂检测：在限定时间内联句成篇完成作文。

【小组建设】

1. 课前独立完成学案的课前预习部分，教师检查评出等级给小组加分。
2. 探究题分好任务，共六个探究题目，分给六个小组展示，两个小组点评。
3. 组内分工，组长负责组织讨论，指派发言人和点评人，并负责记分。老师及时对各小组的表现给予恰当评价。

案例二：第四单元全球变暖(Global Warming)说课材料

【教材分析】

通过本节课的学习，让学生对本单元关于Global Warming的话题有一个粗浅的认识，对阅读(Reading)部分有一个很好的铺垫，同时为学生能够写一篇如何保护地球的文章打下基础。本节课同时在充分理解运用语言(Using Language)的基础上掌握课文中的高频词汇并进行关于重点单词的练习，从而对单词的用法熟练掌握。

【教学目标】

通过互相讨论、总结归纳等方式，掌握学习英语的技巧与方法。借助小组讨论时获取的信息对文章进行分析，同时掌握本单元重点单词的使用方法。

了解全球变暖的原因和结果，形成正确的保护环境意识。在小组合作学习的过程中帮助学生形成团结友爱、互帮互助的人际关系，并在交流、展示中让学生感受到自己的魅力，增强自信。

【教学过程】

1. 让各小组组长到其他小组检查昨天课前导学案的完成情况,视情况给分。满分 6 分,没完成任务的每人扣 1 分。顺序是 1 组检查 2 组,2 组检查 3 组,3 组检查 4 组,依次类推,最后一个小组检查 1 组。(如果预习效果好,就直接进行 3,如果效果不好就进行 2。)

2. 学生领读导学案上的单词和短语。(矫正读音)

3. 分小组对课文分段进行翻译。教师在小组间参与解答疑难问题。

4. 呈现译文。

5. 小组学习导学案上的单词和短语。教师在学生中观察,帮助学习有困难的学生解决问题。

每个小组选一个代表到黑板上讲解该组负责的内容。

6. 分组完成导学案上的自测题,核对导学案上的自测题答案。(如果有时间)方式:抢答。讲解正确的,给小组加 10 分。如抢答者说不清楚可由同组成员补充。如果讲不明白就由其他组进行支援,支援的组讲得正确,加 10 分。

7. 小结本节课所学内容。(使用导学案)

8. 作业,用上课文中所学到的内容写一篇关于爱护地球、保护环境的文章。

【课堂设计】

(1) 在注重知识目标的同时,更要注重过程,注重学生情感、态度和价值观的体现和提升。学生用心学习,他们就能用自己的方式来解决问题,从而形成自己的知识体系。在学生思考、讨论、展示的过程中,他们对自己、同学、老师以及个人与小组之间的关系都有了更深一步的认识,这也是我们对"我们的教育是培养什么样的人"的思考和一些行动。

(2) 在整个课堂过程中,教师从讲台上走下来,时而在前面引领学生、掌控课堂、处理突发事件;时而在后推动课堂,为学生的精彩发言、好的思维方法喝彩,同时对学生中的争议进行点拨;时而在左右陪伴着学生,让他时时感受到老师的关注,构建出自然、和谐、共进的师生关系。这也是我校三位一体化教改思路的体现。

四、政治

社会主义核心价值观教育——法治(初中篇)

【课程设计】

学生自行收集法律条例,丰富其法律知识;学生讲普法故事,加深其对法治价值观的理解,使其具备宪法意识、法治观念。

【课程目标】

增加对法治的理解;增强法治观念;养成依法办事、依法维权、依法履行义务的习惯。

【教学方法】

本课程主要运用的教学方法是角色设置"我是普法员"。学生是学习活动的主体,要使他们真正成为学习的主人,就应该培养他们的自主精神,让他们自觉地投入到学习活动中去,积极主动地探索知识,使其主体作用得以发挥。本课程中,学生通过"我是普法员"的角色设置,让他们自行收集法律条例,丰富其法律知识。学生通过讲普法故事,既有利于他们自觉地投入到学习活动中去,积极主动地探索知识,又加深他们对法治价值观的理解,让他们在活动中提高法律知识,形成从小做起、从我做起、让我宣传的明确意识。

【课前准备】老师提供相关法律,学生分组后抽签或抓阄决定自己选择哪一部法律知识进行普及,小组成员合作收集此法律的相关条例。工具准备:签具、抓阄道具、A4纸、笔。

【教学过程】

(一)导入阶段

1. 播放视频

教师播放提前准备的视频《校园欺凌事件》。

设计意图:吸引学生的注意,调动学生的学习热情。

2. 学生发言

学生谈谈看完后的感想,举手发言。

设计意图:学生自由表达,交流感想。

3. 新课导入

校园欺凌的背后,是源于学生法律知识的缺乏,没有自我保护意识。教师展示课件,讲解法治价值观。

设计意图:明确本节课的主要内容,为进行普法教育作准备。

(二)实施阶段

1. 解释条例

小组合作选择2~3条收集到的条例,用讲故事的方式来普及这几条法规。

设计意图:检验小组成员是否真正理解了法律条目。

2. 小组分享

小组派代表分享普法故事。

设计意图:展示小组的合作成果,向其他小组普及法律知识,同时接受其他小组的检验。

3. 学生反馈

对分享的故事进行点评,检验学生对法律的理解是否正确。

设计意图:容易被其他同学接受。同时学生在点评别人时,自己也会加深认识,比较和分析能力也会得到相应的锻炼与提高。

4. 评选最佳

所有小组分享完毕后,学生评选出"最佳普法员"。

设计意图:充分发挥学生的课堂主体地位,调动学生的积极性与参与性。

(三)结束阶段

1. 获奖感想

最佳普法小组发表感想。

设计意图:最佳小组分享自己的心路历程和实施过程,其他小组可以吸取他们好的经验。

2. 教师总结

教师总结升华。

设计意图:教师带领学生回顾此次课程,同时也检验了教学效果。

五、历史

本节以经济史《近代中国社会经济结构的变动》为例,谈谈体验式教育教学改革在历史课教学中的应用。

(一)大胆整合教材

以经济史《近代中国社会经济结构的变动》为例,本节课包含三个内容:经济结构的变化、洋务运动与官办企业、民族工业的出现和艰难发展。其中洋务运动和民族工业是高考的考点,考的内容比较多,但教材介绍的内容很少,两大知识点只介绍了三页内容,与高考的要求相差太多。

将教材进行整合,将第三子目的内容放到下节课去讲,即与《民国时期民族工业的曲折发展》一起讲,这样第三子目的内容与《民国时期民族工业的曲折发展》可以单列成一个专题——民族工业的产生与发展,更有利于学生对民族工业的认识、理解。而只讲前两个子目,既方便学生的理解、加深记忆,又兼顾了高考考点,同时,该涉及的知识点都会涉及,不会落下。教师应根据教材内容和学生的实际还有教学时间,以及学校的具体情况,对教学内容进行调整,不能墨守成规。

(二)精心的课前准备

学案设计:为了方便学生对本科知识点的理解,在学案设计上分三个内容,即情景之中见变动(引导学生通过情景理解课本中的知识点)、回归课本(夯实基础)、知识拓展(高考考点要求而课本中没有的)。我还在学案的最后加上了几道与本节课有关的历年高考真题,让学生提前接触一下高考题,对将来选文科的同学有一定的帮助。

课堂训练:设计好几道与本课有关的题,注重基础,视情况而定,如果课堂时间不够,就布置为家庭作业。

课前安排:提前5分钟到班级,随机分配各组的任务。

(三)课堂环节

第一环节：各组派代表检查学案的完成情况，计分。方式为1组检查2组，2组检查3组，依次类推。

(发挥学生的主体作用，同时达到监督的效果)

第二环节：各组讨论完成分到的任务(与第一环节同时进行，节省时间)，教师在小组间走动，了解学生的讨论情况，并给予相应的指导。(教师在左右陪伴推动，同时又有小组的体验、分享)

第三环节：小组展示。在展示过程中，教师适当地进行补充和总结。注意调动学生的积极性。(教师的引领、推动作用，小组体验、分享，提高小组动力)

第四环节：给学生5分钟时间背诵"洋务运动"的相关知识点。教师走动了解学生背诵的情况。小组互查，每组抽查三个人，计分。(学生很聪明，每组出动三人检查，一分钟就完成了抽查任务，为我节省了两分钟的时间)最后，教师抽查学生背诵的情况。(注重"清"的环节，加强督促)

第五环节：拓展环节。教师一步步引导学生深入探讨洋务运动的结果、失败原因等知识点。(有的组因为没有回答问题，教师可以在此过程中适当地给这个小组机会回答问题。这样既注意了小组动力均衡问题，也调动了学生的积极性。这个环节教师是在前引领的角色)

最后，课代表总结本节课的知识点。

六、地理

面对改革，我们每一个人都要重新来过——改变思想，变化角色，放下师严，走下讲台，真正把教与学的艺术在主体学生、主导教师的课堂教学模式中演绎得更加精彩、更加出神入化。

(一)抽签选题——体验开始

课前印发习题，学生提前完成，课上每组选派代表随机抽题。每次抽完题签时各小组便沸腾起来，针对自己的题目积极准备，探讨知识，研究讲法，斟酌措辞，选出主讲人在小组内试讲。在这个过程中，教师作为一个观察者，在各小组之间时而倾听、时而点拨、时而鼓励，尤其对地理学科偏弱的小组要给予重视和帮助。每次上习题课，学生们都很兴奋，抽签时踊跃积极，体验式让孩子们尝到了甜头！

(二)上台展示——分享进行中

习题课学生展示，包括审题、讲题、总结题三位一体。

审题，开始是审题干，带领大家分析题情。在同学们都熟练操作之后，逐渐加大难度，让学生抓审题的切入点(尤其是大题)，题到手后如何找到关键词，抓住致命点，一拳击破。

由高二到高三应该是历经近大半年的操练，大多数同学都已经学会了巧妙解题，事半功倍。

讲题，要求语言精练，抓住要害，一语道破。开始答案是全部记下的，以备与学生自己的答案作比对，一点一点去纠正，错在哪。之后反思总结，一道题一道题去抠，让学生学会采分答题，尽量用少的语言去精练答案。之后开始速记答案要点，点到为止，这样省时间增课容。深感学生在这种循序渐进的训练模式中渐渐提升。

总结题，不仅总结知识点还要总结解法，要求记笔记。

(三)小组互评——动力凸显

根据班级人数分成恰当的组数，例如分为九个学习小组，就可让一组展示八组打分，每组打出八个分，取平均分作为一节课的最后评分，而且与班级整体考评挂钩，每周一清，不过关的个人或小组由班主任老师督促补考，优秀个人或小组有奖励。体制完善，学生重视，主动性强。整个班级的动力机制一直牢牢地存在，学生自然养成按规矩办事的良好的学习习惯。

(四)教师总结、引导——角色变换进行时

学生的思维往往是发散性的，所谓众人拾柴火焰高。一道题，教师的方法有可能只有一到两种，而学生却会发现更加简洁、精妙的解法，往往让老师也为之一震，所以切莫倚老卖老。

当讲题组遇到没有讲清的题目时，你的任务只是去引导、去思考，相信学生会比你更加出色地完成任务，甚至让你也大吃一惊。之后你再顺水推舟，自然水到渠成。

(五)课上反馈——当堂检测，再现学情

习题课上题量设计适中，要留有适当的反馈时间，让学生总结(包括知识积累和思维沉淀)，之后选取两三道类型题当堂检测，体现学情，小组内互评。教师做到心中有数。

(六)课后追清——日清日高

文科教学反复、再现必不可少。课上所有完成的内容在课后一定要有一个厘清过程，下节课课前要提问。"读笔记"巩固已学内容，加上及时的知识点框架，学生会在反复再现中轻松把握要学的内容。

讲解、体验与分享。学生在讲解中体验，在体验中分享。三位一体课堂教学模式是在学生一改获取知识途径的方式下主动参与的一个过程，它带给孩子们更多的是全方位的提升。

七、物理

"三位一体"教学改革：教学目标的"三位一体"、教师角色的"三位一体"、教学过

程的"三位一体"、学习动力的"三位一体"。通过之前的将"三位一体"在实践中的运用，我们对其有了一定的了解。接下来的内容是在教学过程、课堂动力、教师素质优化等方面所要进行的。

(一) 做好"兵教兵"工作，促进学生成绩提高

1. 找出榜样带动、培养"小讲师"

要善于发现班内学习的榜样，必要时可将他们的优点"最大化"。例如我们试点的案例中，某老师所教的班级中的普通班，一同学物理思维比较好，在开学初很快脱颖而出，老师就给他下达任务，由他培养三到五名物理学科爱好者，并封他为"物理第一讲师"。他的积极性很高，在小组讨论和习题练习中，安排他在各组巡回讲课。这样他既体验到了成功，又提高了自己的学业水平。并且由他带动了其他五六个同学的学习，大家进步很快。同时也发现其实每个同学都有想学习好的愿望。很快教师又发现另一同学，虽然中考成绩不到500分，但学习习惯很好，遇到问题不是浅尝辄止，真有咬定青山的风骨。在他的带动下，他们小组另外五名同学的学习积极性都很高。为了树立典型先在班级给他们创设机会，随后安排这两位同学到别的班级当小老师，树立"小讲师"样板。这对他们的学习推动力很大，他们学习更加努力了。随后发展到每个小组都有小讲师，遇到难懂的知识和习题由小讲师在本组内讲解。随后在小组内又产生了"第二讲师"和"第三讲师"，这些小讲师的出现很好地帮助了教师的物理教学。

2. 树立进步典型

对于进步同学的表现，如果教师能抓住细节，以事实为依据，及时树立典型，往往会起到意想不到的效果。例如 11 班的王月同学，原来克制力不强，积极性时断时续，成绩不好也不努力。自从家长会后的第一堂物理课，她简直像变了一个人似的，注意力集中时间长了，发言踊跃了，教师及时对她进行了表扬，安排适合她的内容，让她展示，特意让她获得了满分。在以后的课堂上，她都是抢着代表本组同学发言，还得到了其他老师的表扬。教师便安排她帮助本组的其他三位同学学习，她有耐心积极性高，同学们都愿意找她帮忙。虽然她物理基础不好，但进步明显，对她的表扬，为学困生起到很好的带动作用。

3. 重点关注弱势同学

激发调动学生的学习积极性，需要每一名同学在课堂上的积极参与，对每一学科充满浓厚的学习兴趣，以一种自发主动的心态去面对自己的学习和生活。这时学习成绩差的同学更需要重点关注，最好是定位在后十名，也就是教师们心目中的"弱势群体"。以课本知识和习题为学习底线，开展每天一"清"的工作，每天清查哪些同学没有被关注到，并且及时给予补救。坚持一个星期，学生的精神状态就会发生变化。所谓优秀，很大程度上就是简单的事情天天做，一样的事情重复做。抓住现在，立足当下，今天的事情今天做，成

功就在眼前了。一个月后学生的主动性及学科能力会有明显提高。对需要特别关注的同学给予更多的关爱，能进一步调动全班同学的积极性。

(二)新方法实施容易走入的误区

我们常说"除旧立新"，三位一体教学理念的实施必然建立在"破"的基础上。所谓"不破不立"。但这绝不意味着对旧的优秀理念的完全背弃，如"多读""多背""多写"。旧的好传统，我们要坚持，但面对新的理念我们往往需要更多的时间来适应，对它的理解是一个逐渐完善的过程。而在实践过程中也很容易产生很多误解与误区，尤其是在合作学习中容易走入以下误区。

(1) 将小组合作等同于小组讨论。这一环节比较难控制，应该将责任和任务具体到每一个同学。全员参与，人人有具体的事情做，为每一个学生提供尽量多的课堂表现机会，让学生感受"成功体验"。而不是简单地到这一环节时，教师要求学生分组讨论某个问题，于是学生就七嘴八舌地讨论了起来。为环节而环节，为讨论而讨论，这样的小组讨论不是在明确的团体目标指引下的群体学习行为，不是真正意义上的合作学习。

(2) 教师缺场。现在的合作学习有这样一种趋向，在学生进行小组学习时，教师或退到教室的一角等待，或在各小组间游走，小组学习结束后，教师开始依次听取各组的汇报，汇报完毕，教学活动便宣告结束。教师没有参与到各组中与学生共同体验合作学习过程，这样的合作学习事实上只是一种形式，而缺乏教师指导的学习效果也欠佳。

(3) 合作学习被用得过滥。有的老师在课堂上不分问题是否合适，都让学生进行讨论，合作学习呈现出极大的随意性。有的问题适合学生自主学习，有的问题适合小组讨论，特别是小组学习一定要建立在个人思考的基础上，否则小组学习容易产生不思考、依赖别人的不良习惯。

(4) 小组分工意识不强。没有分工就谈不上合作，但在我们的课堂上，往往没有一个很明确的分工。学生做的工作只是一个意见交流，最后找一个同学汇报，总是积极性高的同学在汇报，这样很多同学没有得到真正意义上的提高。

总的来说，在课程改革实施过程中，一定会遇到这样那样的问题，我们不但要有解决问题的能力，更要有发现问题、预防问题的能力。积极的因素和好的经验我们应多坚持、多发扬，提出的在课堂上容易出现的问题，我们有则改之，无则加勉；对于可能出现的问题，我们更应该防患于未然。在"三位一体"改革的路上让我们少一些误区，多一些成就，在不断发现问题和解决问题的过程中共同前进。

八、化学

化学需要增加学生的参与度，提倡小组合作学习。相信很多教师都苦恼于一个问题：怎样教学才能使基础不同的学生，在每节课上都能积极参与，都能高效学习。问题的关键是让学生把"要我学"变为"我要学",小组合作学习就能使学生变被动为主动,切实提高学习效率和学生参与度。

将培养学生的合作意识放在课堂教学和其他活动(比如班会)中进行。因此,在课堂上精心设计教学情境,让学生认为需要合作,并在小组合作学习中留给学生思考的空间。一道题,放在小组中,大家经过讨论进行有选择性的商议,这时,思维活跃的学生可以阐述自己的意见,而对于不爱发言的学生,在小范围内也留给其表现的空间,给自己的同桌讲讲。在大家的充分参与下,对研究的结果进行初步的统一,然后展示给全班同学。这时,学生对知识的思考过程进行了再现,这样,不仅有利于学生思考问题,更有利于学生理解和掌握知识。

首先,精选了让学生分组讨论的问题,避免了盲目地提问。问题不在于多,而在于少而精。一般每次让学生分小组讨论都只提2~3个问题,这样做的目的在于让学生讨论的方向很明确、焦点很集中,所以能够比较快速而准确地讨论出结果。其次,也注重设计一些开放性的讨论题,这有助于培养学生的发散思维。不可否认的是,学生的思维常常超出我们的想象,有几次在讨论的过程中均出现了我意料之外的方法,这也使每个小组之间互相启发、共同进步,教师在这过程中也受益匪浅,达到了教学相长的目的。

其次,小组长的作用需要明显体现出来。小组长负责收取本小组每天的作业,组织本小组的每个组员在讨论时都要发言,课堂练习也由小组长组织批改、订正。小组之间进行评比,评出优秀小组,每个组员分别奖励3分、2分、1分,其组长多奖励2分。这样,就有效地激励了每个小组长的上进心,也增强了每个组员的集体荣誉感,不管是在学习上,还是在纪律方面都有了明显的进步。

在小组合作学习中,教师的任务就是要创设让学生产生合作需要的情境,使学生体会到合作能更好地解决问题。这需要通过长期有意识地反复训练,逐步培养学生的合作意识和合作能力,使学生真正做到合作学习。

当然,这个过程中也可能暴露出一些问题。比如:刚开始,可能存在管理混乱、职责不清的现象;学生的参与度不均衡,其表现形式是在某些课堂上仍是少数人学习多数人游离,小组合作学习时,学习好或性格外向的学生频频发言,其他人则成为"多余人",坐在那里静听,达不到共同发展的要求;小组活动重形式,缺乏实质性合作,为了体现小组合作学习的教学理念,不顾问题是否具有探究性,都进入小组讨论导致问题过于简单,小组合作变成形式表现出来;在合作学习的小组活动中,有时因组内成员的意见不一致,分歧太多而争论不休,造成内耗,浪费了大家的时间和精力。

在倍加关注合作学习的同时,我们应把目光收回到课堂教学中,其中外显与内隐的问题不得不引起我们思考。哪些内容更适合合作学习?在合作学习中,每个人的分工如何确定?怎样才能高效有序地组织合作学习?在注重"人人进步"的同时怎样培养优秀生的综合能力?针对这些问题一一找到解决方案,并注意对学生多鼓励、多引导、多表扬,许多问题就能够迎刃而解。

九、生物

生物的体验式教育教学改革方法可总结为以下几点。

(一)课前预习、自主探究(课前完成)

学生:在课前或预习课,自主预习导学案,明确学习目标,生成本课题的重点、难点并初步达成目标,完成导学案中通过自习能够掌握的问题或练习题,在不明白的地方做上记号,建构起初步的知识网络。

教师:指导学生利用导学案在自习课上进行预习,收取部分学生的导学案进行批改,了解学生的预习情况。在讲授新课时,做到学生不预习教师就不讲。

(二)明确目标、情境导学(大约5分钟)

学生:小组成员共同明确学习目标,学习的重点、难点。

教师:以导学案为载体,设置必要的情境进行导学,我们努力做到以下几点。

  导趣使学生乐学;   导情使学生爱学;
  导思使学生活学;   导疑使学生善学;
  导法使学生会学;   导用使学生学会。

(三)合作探究、互动展示(大约15分钟)

学生:小组成员依据目标相互交流预习的成果,对导学案中的疑难问题先通过"兵教兵"的方式解决一部分。然后按照导学案中拟定的问题,各小组成员把自己的思考结果与组内的其他成员讨论交流,得出组内结果,同时根据对问题的理解,进行小组展示。

教师:把需要展示的内容安排到各小组,太难和太容易的问题都不作为展示的内容。

(四)教师精讲、答疑解难(大约10分钟)

学生:带着问题听老师讲解重点、难点问题。

教师:通过课前批改部分学生的导学案及学生在合作探究、展示过程中出现的问题,了解学生的学习难点,在上课时用大约10分钟的时间对难点问题进行精讲(也可穿插在其他环节进行),帮助学生掌握学习的思路,突破难点。

(五)达标检测、反馈小结(大约10分钟)

学生:独立完成达标检测题或上讲台进行板演。根据反馈把做错的典型习题收入"错题集",以便时常复习,避免重复错误。

教师:在导学案中精选有针对性、典型性、层次性和一定综合度的练习题,要求学生当堂进行训练。及时发现错误和学生不良的答题习惯,并予以反馈纠正。最后进行简要归纳，使知识系统化，能力升华，完成课堂小结。要贯彻当堂达标的思想，做到作业在课堂，作业像考试，当堂有反馈，课后不再安排作业。

(六)及时复习、构建网络(课后完成)

学生：根据教师的批改情况，及时了解自己学习的不足，及时对所学知识进行复习，查漏补缺，构建新旧知识网络。写好学习反思，促进学习能力的提高。

教师：及时回收学生的导学案进行批改，寻找学生出现的典型性错误。处理好全体辅导和个别辅导的关系。写好教学反思，记录修改意见。

拓展阅读　大杨树二中试点实例

大杨树二中"三位一体"教学改革，从2009年9月拉开序幕到2011年年底，已走过思考、转变、试点、提升、推进、反思、完善的一年半过程。回顾过去，我们的教育理念、教学模式发生了深刻变化；我们的班会和家长会等活动形式的内容发生了巨大变化，在开拓创新、不断实践的过程中取得了令人欣喜的成绩。

体验式团体教育模式提出后，首先在大杨树二中进行试点，韦志中老师在2010—2012年两年时间里先后五次前往大杨树二中进行专业指导。其中五次课程中都有针对不同教师群体的教师心理资本优化工作坊或教育团体。

2010年5月，韦志中将体验式团体心理教育模式和本会团体心理治疗的两期课程带到大杨树二中，并确定以该校作为教育教学改革的试点，为大杨树二中的心理健康教育注入了新的活力。

2010年5月，韦志中以大杨树二中作为承办方进行了为期四天的本会团体心理治疗经典课程——体验式团体心理教育模式的培训。全市近70名心理辅导老师和相关领导都参加了培训。体验式团体心理教育模式提供了全新的视角，为以后的心理健康教育工作点燃了一盏"新"灯。

2010年11月，韦老师再次来到呼伦贝尔，来到大杨树二中，进行本会团体二期课程——表达性艺术团体治疗经典课程。大杨树地区兄弟学校的相关教师也参加了培训。四天的培训让每位教师的内心都经历了"春夏秋冬"的心路历程，教师们多年来积压在心底的未完成事件得到了很好的疏导，教师们的心理得到了成长。而这次韦老师的到来，也开始将心理培训有意识地与大杨树二中的教育教学改革相结合。

2011年3月30日，韦老师第三次走进大杨树二中，为指导大杨树二中的"三位一体"教学改革而来。工作八天，他深入课堂听课十余节，给全校教师做了体验式团体教育技术培训，给班主任和心理辅导老师做了体验式团体技术与动力培训以及体验式班会、家长会的培训等。这次研讨和培训有针对性、有实效性，韦老师全面、系统、科学和最优化思想深入老师们的心中，为该校教学改革的推进起到了助推器的作用。

2011年9月3日，韦老师第四次来到大杨树二中，开始了他的"突破之旅"。深入课堂后的研讨、点评让每位教师都有了心灵的触动，使得"成为一名研究型教师、学者型教师"也开始成为该校教师的努力方向和目标。同时，为全体新高一教师做了心理成长的培训，意在优化教师的心理能力和心理条件；为班主任做了体验式班会理论与实践的培训，推进了该校各年级班会的系列化、科学化、心理化目标的实现，为班会和心理活动课的整合指明了方向。

一、改革动因

传统的高中课堂里，教师精心备课、认真讲课、批改作业、及时检测，学生认真听课、按时完成作业、及时复习是一个动态的过程。好比教师一个人钓鱼，全班几十人等着吃鱼。这样的课堂，学生是被动的，教师对教学中学生学情的掌握缺少激励机制，学生的学习过程缺少动力。本来，学习的过程是学生知识建构的过程，但讲授式课堂无法照顾学习过程中的自主、合作。这样的课堂，就像是一场足球赛，球场上，教练一个人在拼命踢球，而球员却跑到看台上看球去了。如何让课堂真正成为学生展示才华的舞台，真正以学生为中心，变讲堂为学堂？如何培养学生受益终身的自学能力，让大部分学生体会到学习的快乐？如何在提高学习效率的同时，关注学生的心理成长，关注学生的交往、沟通、合作能力？如何让学生在高中阶段有最灿烂的生命状态？这些是我们一直苦苦思考的教育问题。

二、改革进程

2010年9月，校务委员会集中7天时间研讨。参加研讨的同志一致认为，大杨树二中要走出发展的瓶颈，必须变讲堂为学堂，让教师走到学生中间，从而改变课堂教学、学习模式。

随后，学校派出教务处一行7人到昌乐二中等地学习。教务处制定出大杨树二中课堂教学模式——"五步教学法"。首先在两个班级的两个学科进行试验。学校教改厅评课组反复听课，反馈、修正课堂教学模式。半年后，教改厅评课组认为模式成熟，可以在更大范围内展开试验。2011年3月在高一、高二分别选6个班(一半)开展半年的试验研究，实验结束，试验班班风、教学成绩有所改观，试验取得了预期效果。2011年9月，全校进入教育教学改革的体系之中。现在，每个班级的物理空间都是六人一组的小组合作形式，教师的教学都采用"五步教学法"。教师的教学理念、行为，学生的学习行为都在向着自学、合作、探究的方向改变。

三、改革成果

(一)"三位一体"教学改革

"三位一体"教学改革有两个层面的含义：第一个层面是理念性的，就是行动方针；第二个层面是应用性的，就是行动方案。

(1) 理念性的"三位一体"是：以实现新课程标准的三维目标为目标，提出教师在教学过程中角色的"三位一体"，教学过程的"三位一体"，课堂动力的"三位一体"，注重教师心理条件的建设，最终实现"让每个学生恰当发展，为每个学生设计人生"的办学目标。

(2) 应用性的"三位一体"是课堂教学环节步骤，即"五步教学法"：课前自学，独立完成学案——课上互学，小组呈现学情——学生点评，整理总结升华——教师答疑，点拨梳理澄清——当堂检测，反馈追清学新。

(二)"五步教学法"

1. 基本程序

课前预习　完成学案

自学交流　呈现学情

学生互教　教师澄清

当堂检测　反馈追清

课后巩固　复习学新

2. 说明

课前预习　完成学案：

学案以导学为中心。

教师学案的编写关乎一节课的学习内容，要求教师一定要了解学生情况和教材情况。学案要有学习目标。教师学案的编写要紧扣教材并做到循序渐进、重点突出。学案要有梯度，可以分"基础知识""基本训练"等，适当时机、适量加入有难度的内容，如"拓展研究""攻克难关"等。学案完成时间以20分钟为宜(自学学案与课上导学案可以合并或结合使用。对自学内容的布置要与学生的学习能力、时间相适应。对自学内容的检查要严格到位。要充分利用小组互查的方式进行自学检查)。

自学交流　呈现学情：

自学交流以小组为组织形式。

小组内部成员交流共享，达成一致意见。小组之间互相学习。教师要深入小组交流，掌握学情.学生自学能学会的一定放手交给学生完成，小组间既是竞争关系也是合作关系(自学过程中，教师要通过物理空间的设置、动力场的建设、小组技术充分调动学生的自学讨论积极性，要静动结合。要加强小组的组织建设，提高小组尤其是小组长的自我管理能力。注意那些被疏离或内向的学生离开小组。防止小组假讨论、假合作)。

学生互教　教师澄清：

教师是课堂学生自学的指导者、答疑者、组织者。老师要具备控场能力，并引导学习向纵深开展。在课前任务的布置、上课方向的引导上要体现教师的引领作用(时而在前)。在学生自学研讨过程中，教师要让学生感到老师就在身边，有困难随时可以询问教师(陪伴在学生左右)。在班级、小组、学生学习过程中有创造性发现，需要教师总结提升时，或学生学习过程中遇到困难时，教师要及时推动教学进程向着更优化的方向发展(时而在后)。

当堂检测　反馈追清：

当堂检测也是考验教师业务水平的一项内容，要认真编写，当堂能够反馈。检测内容不宜过难，要让学生有成就感，讲究日积月累。检测内容量要有控制，加上批阅10分钟左右(课前、上课提问、检测都要进行记分，记分要在单元末计入总分作为月考成绩，期末或模块考试后按10%折合后计入总成绩)。

课后巩固　复习学新：

对于当堂未清的学生要建立小组追清机制。适当地布置作业巩固所学。

下发新学案，开始新的学习内容(清是教学的重要环节，在分层教学的基础上，设置适当的学习任务，通过严格的管理制度和手段，使课前自学、上课澄清、课上巩固任务充分落实。做不到清，教学过程的优化就成了一句空话)。

围绕"五步教学法"的课堂常规如下。

(1) 集体备课，研究制定预习学案、自学导学案和当堂检测的具体内容。

(2) 课上检查预习，小组互学，教师观察学情。

(3) 小组展示学习结果，组内自查，组间互查。

(4) 教师针对性地讲解。

(5) 完成检测题，布置下节课的自学内容。

"五步教学法"的关键是自学和小组合作。研究中心安排了每班每学期两节的自学方法体验式班会，让自学能力强的学生展示学习方法，教师加强课堂自学检查计分，学校阶段性展示自学之星和优秀自学小组，并及时表彰。2011年暑假，开展对学期学习内容的"大自学"。本学期寒假，"大自学"已经计入学分并公布了下学期的奖励方案。

小组建设是一个长期的过程，小组成员按成绩、性格等特点组合，小组成员有具体明确的分工。组内合作、组间既竞争又合作的学习方式不仅能解决问题，还能提高学习效率。

小组学习方式也解决了我们前面提出的思考——让更多的学生在课堂上体验成功，体会生命的状态；合作加强了学生之间的沟通，在提高学习兴趣的同时收获来自同伴的支持和鼓励，让学生间的关系更加融洽；另外课堂学生展示机会多了，学生更加自信，老师的信任、鼓励和关键时候的点拨让整个学习过程充满了思考、探索的快乐。

(三)专家引领，学术跟进

2010年5月、2010年11月、2011年3月、2011年8月、2012年9月，心理学工作者、体验式团体教育的专家韦志中先生先后五次进入大杨树二中，把心理学理论方法引入课堂，并有针对地分别对班主任、各学科教师、学生进行了心理培训。专家的引领和专业知识的学习让大杨树二中的教学改革走上了科学、系统、全面的健康发展之路。

2010年3月，教改研究中心开始编制《"三位一体"教学改革校园通讯》。《"三位一体"教学改革校园通讯》包含：专家指导意见，研究小组的研究成果，校领导的指导意见，教师在教学实践中的创造性发现，外地相关经验，相关的教育、教学理论。至今共发通讯30期。

2011年9月，学校校报《长风》开始对教改进行专题报道，至今已印发4期教改专版。

四、机制保障

(一)建立机构——研究中心

学校成立了以校长为组长的教学改革指挥中心，中心下设推进小组和研究小组。分布在各部门的研究人员有30人。学校教学、德育的各个单元几乎都有研究中心聘请的研究人员。

"三位一体"教学改革课堂教学的执行单元在各学科备课组。学案、检测题、课堂设计都在备课组完成，因此，研究中心的注意力也在备课组。听评课组深入备课组、深入课堂，对备课组的工作提出建议，对教师的展示课、导学案、当堂检测进行了督促。2011年，仅三位校长深入备课组、班级听课就近200次。

(二)理念建构——全面、科学、系统

"三位一体"教学改革的中心在课堂，课堂的支撑因素是教师、学生，影响因素是家长。只有教师、学生、家长三方面都认同了改革，改革才能顺利进行。这是改革的全面、科学和系统的要求。改革之初，研究中心就成立了"体验式团体教师心理成长工作坊"，构建了"体验式团体教育家长会体系"和"体验式团体心理教育主题班会体系"。两年来，组织教师体验式团体心理工作坊13次，参与人员覆盖全校教职员工。

工作坊主要针对教师个人心理成长、同事关系、师生关系、课堂心理技术、管理技术等展开；政教处组织"体验式团体教育"班会和家长会展示课64节，形成示范课10节；"体验式团体教育班会"主要针对学生人格成长、合作能力展开。教务处还聘请心理咨询师对全校300名小组长进行了培训，培训内容以小组带领能力、人际关系为主。体验式家长会主要针对亲子关系、学业辅导展开。2011年，我们在三个年级分别举行了3次家长开放日活动，让家长走进课堂，走进宿舍、食堂，体验学校的管理、学生的学习和生活状态。让家长提出最苛刻的意见，学校定期改正，并再次请家长走进学校验证是否改正。

一系列的体验式教育、培训，使教师的职业人格大大提升。学生的合作意识增强，家长对学校的课堂教学改革理解了、支持了，也参与进来了。教师、学生、家长对教改的共识，形成一个"铁三角"。这是大杨树二中"三位一体"教学改革走向全面、科学、系统的里程碑。

五、制度保障

为保证改革有序进行，研究中心制定了《大杨树二中"三位一体"教学改革模式应用手册》《大杨树二中"三位一体"教学改革导学案和当堂检测的实施办法(试行稿)》《大杨树二中"三位一体"教学改革有关小组建设及奖励的实施办法(试行稿)》《大杨树二中自学考试及自学之星评比细则》《大杨树二中学分制管理办法(讨论稿)》《大杨树二中"三位一体"教学改革数学英语分层教学的要求(试行稿)》等。

六、经费投入和物质精神激励

评价的目的是促进被评价者进步。在教改中，学校注重对师生的激励。首先是精神激励，学校校报、校园网、橱窗中大量展示、表扬教改中作出成绩的教师和学生。各种评优、先进也倾向为改革作出贡献的教师、班级。截止2021年，已有近1000人次获得各种表扬和奖励。其次是物质奖励，学校每年拿出20万元经费保障教改的顺利进行。资金的使用方向包括：实验班任课教师和班主任补助每月增加100元，参与实验的教师每个合格学案发放 5 元补助，参加教改竞课、公开展示课的教师每次奖励 200 元；在《校园通讯》《校报》上发表文章按档次给予奖励。参与研究性学习的教师每人每月 100 元。优秀备课组每学期奖励 1000 元。参与教改的每位教师配备 DELL 电脑一台。对于学生自学之星、优秀小组、优秀小组长进行适当奖励。

参 考 文 献

[1] 卡尔·罗杰斯. 论会心团体[M]. 北京：中国人民大学出版社，2006.
[2] 卡尔·罗杰斯. 个人形成论[M]. 北京：中国人民大学出版社，2004.
[3] 马斯洛. 人本管理[M]. 西安：陕西师范大学出版社，2010.
[4] 马斯洛. 马斯洛人本哲学[M]. 北京：九洲图书出版社，2003.
[5] 库尔特·勒温. 拓扑心理学原理[M]. 竺培梁译.北京：北京大学出版社，2011.
[6] 巴班斯基. 教学教育过程最优化[M]. 吴文侃译. 北京：教育科学出版社，2001.
[7] 张春兴. 教育心理学：三化取向的理论与实践[M]. 杭州：浙江教育出版社，1998.
[8] 路桑斯. 心理资本[M]. 李超平译. 北京：中国轻工业出版社，2008.
[9] 克里斯托弗·彼得森，积极心理学：构建快乐幸福的人生[M]. 徐红译. 北京：群言出版社，2010.
[10] 杨鑫辉. 心理技术应用研究[M]. 5辑. 成都：西南交通大学出版社，2006.
[11] 谢弗，等. 发展心理学[M]. 第8版. 邹泓，等译. 北京：中国轻工业出版社，2009.
[12] 戴维·迈尔斯. 社会心理学[M]. 第11版中文平装版. 侯玉波，乐国安，张志勇译. 北京：人民邮电出版社，2006.
[13] 樊富珉，何瑾. 团体心理辅导[M]. 上海：华东师范大学出版社，2010.
[14] 钟志农. 心理辅导活动课操作实务[M]. 宁波：宁波出版社，2007.
[15] 徐西森. 团体动力与团体辅导[M]. 北京：世界图书出版有限公司，2003.
[16] 韦志中. 本会团体心理咨询实践[M]. 广州：广东科技出版社，2008.
[17] 刘勇. 教师团体心理辅导[M]. 北京：科学出版社，2008.

后　　记

知己难寻

2009年夏天，我在山东济南主持一个心理学的培训班，课堂上有两位内蒙古鄂伦春自治旗大杨树的女老师，一位是来自大杨树一中的张学梅老师，另一位是来自大杨树二中的陈明清老师。

谁也没有想到，就是这次见面，让我和大杨树结下了一生的缘分。通过这两位老师，我有幸认识了一位优秀的教育家，我非常钦佩的大杨树二中的领头人郭长海校长，还有这个学校的全体教育工作者。

我是一名心理学工作者，前些年一直致力于个人心理困扰的解决，后来逐渐转向团体心理咨询领域。导致这种转型的原因有两个：一是在临床心理咨询工作中，逐渐发现效能太低，要进行集体心理学的服务，才能实现应用心理学更好地为社会大众服务的目标；二是社会中更多的人实际上需要的不是心理治疗，而是心理教育和心理预防，而就形式来说，团体心理咨询是一种更好的形式。经常接待不同的心理困扰者，在和他们沟通的过程中，或多或少地都可以找到他们在心理发育与心理成长中的一些缺失，而这种缺失就是社会心理教育的缺失造成的。

著名人本主义心理学家罗杰斯把心理咨询的过程形容为"成为一个人"的过程，这种思想的背后恰巧也是教育心理学的思想。于是，我开始把研究方向更多地转向广义的"集体心理教育"，围绕集体心理预防、集体心理咨询、集体心理成长、集体心理治疗、集体心理危机干预五个方向开展广义的心理教育工作。运用心理学的基本理论(发展心理学、社会心理学、人格心理学、神经心理学、临床心理学)知识，结合团体动力学的原理，用于心理技术学的方式中，最终实现心理教育的最优化、最大化。

我把"成为一个人"的过程分为三个"阵地"。第一个阵地是心理发育时期，第二个阵地是心理成长时期，第三个阵地是心理发展时期。过去我所服务的人都是第三个阵地的，可以说他们都是前两个阵地打败了的，所以才会在第三个阵地上不顺利。

从三个阵地的指挥官来划分，第一个阵地的指挥官是家长，第二个阵地的指挥官是老师，第三个阵地的指挥官是自己。

从三个阵地的目标来划分，第一个阵地的目标是心理发育，在这个时期需要一定的"心理营养"，如果父母心理条件和能力不具备，这个阵地上的孩子就很难获得足够的"心理营养"，在心理发育这场仗上就很难打赢了。如果是这样，就有可能出来一批"心理营养不良综合征"的小孩。他们在随着自己的生理发育不断向前的情况下，也就自然地走到了第二个阵地。

第二个阵地的目标是心理成长，从小学一年级到高中三年级，一共12年24个学期。对于正处于心理成长关键期的孩子来说，他们的变化是"空前绝后"的。可以说每一个学期都有主要的心理成长任务，在这个阵地上的每个阶段的心理成长任务，都将直接影响着"成为一个人"的目标实现。

第三个阵地的目标是发展，发展需要知识与技能，也需要方法与过程，更需要有驾驭前两者的健康的自我人格。然而，如果我们发现第三个阵地上有一个"有问题"的人，我们要去帮助他就已经不是最佳时机了，这就像一个人在骨骼发育时期严重缺钙，到了30岁再补钙一样，这只能算是矫正和治疗了。

围绕新课程改革所主张实现的三个教学目标，我们在大杨树二中运用"体验式团体教育模式"进行了全面的教育教学改革实验。目前改革已经进行了一个阶段，取得了一定的成绩，也遇到了一些问题。在不断的探索中，我们越来越有信心，号角正在吹响，我们正在不断前进。

也是在济南的那次课程，我也很有幸遇到了另一个教育家——南京二十四中学的吴虹校长。她把我请到南京，一起探讨体验式团体教育模式，并且在南京的一些校长当中推广，还派老师到广州学习我的课程。我们一直在沟通，他们把体验式团体教育模式运用到家长会和班会中，目前已经取得了重大突破。

在过程中成长

首先根据新课程三维目标，制定三维优化。三维优化包括：教师的条件与能力优化；学生条件与环境优化；教育方法与过程优化。

提倡在教学过程中将"三位一体教学"作为核心指导。

在实际的研究与应用中，我们围绕六个方向进行优化：班会方向、家长会方向、教师方向、文综教学、理综教学、基础科目。前三个方向以"心理技术"作为主要手段，后三个方向以"教育技术"作为主要手段。两者全部采取体验式团体教育模式进行，始终围绕教育动力的运用与发展。

经过一段时间的实验，我们进行了下列主要工作。

教师的三维优化：教育理念、教育技术、教育条件。

学生的三维优化：家庭环境、自主能力、社会条件。

教学过程的三维优化：物理空间、课堂动力、会心场。

对于大杨树二中来说，有些优势是其他学校无法拥有的：教师的教育理念不需要进行更多的优化，基本在经过了一定的引导之后，就能实现"成为一个人"的育人理念了。这和该校的长期校园文化建设分不开。

在教育技术上，由于传统教学模式的"根深蒂固"，再加上教师的教学活动和研究不能同行，在体验式团体教育技术的制作和运用方面可能需要一段时间的研究。在这个过程中，我们逐渐发现要解决这个问题，一定要形成教师研究氛围，学校的研究小组要多多成立，只有相互交流课堂教学技术经验，不断地把经验用科学方法进行验证进入科学体系，才能从根本上解决问题。当然，前期的研讨式的培训不能间断，所以，我一直和郭校长不断沟通，要和大家多见面，只有"趁热打铁"才能突破这个难关。

我们提倡方法与过程，而我们的教学过程不能在技术上和动力上突破，就无法实现这个教学目标。这就像前段时间我在一所大学听一个老教授的讲座，他说："现在的课堂，老师一定要走下讲台，到学生中间去，不能只坐在讲台上……"说心里话，我当时真想上去一脚把他踢下来，因为他讲了一个上午也没有动一下。对于大杨树二中的教师优化这个部分，技术和动力是一块硬骨头。俗话说"巧妇难为无米之炊"，要教育，就要有知识，如果知识是一个教师的"米"，那么教学技术和过程就是锅和燃料。我们虽然把知识掌握得倒背如流，但如果没有有温度和动力地教全学生心理认知的方法与过程，就很难是真正的教育。所以说这是一块硬骨头，需要好好研究。经过几次的研讨和我们各个研究小组的不断努力，现在已经取得了"新进展"。

　　如果说第一技术是方法，第二技术是经验，那么第三技术就是"人"了。哪个老师在课堂上教，有时候可能比课堂上教了什么还重要。教师的知识条件部分，我们现有的教师教育体系已经够了，但教师的心理条件部分是不够的。我在南京主持一天的教师心理成长课程，这是国培班的课程，是中西部十省的 100 名优秀班主任的培训。十天的课程，我是最后一天。我问主持此项目的南师大齐学红教授："我是讲还是带领大家做体验？"齐教授说："韦老师是以带领心理成长团体见长的，就不要讲了。"于是我就带领大家一起做体验，课程结束，许多学员都说："韦老师，你的课程应该安排在第一天。"对教师的心理条件进行提升的课程，就不能只是知识教育，教师首先是人，然后才是教师，他们有自己在生活和工作中积累的心理倦怠，还可能有心理成长中遗留的心理创伤。对教师的心理条件进行优化，从一开始我们就采取先帮助教师解决自己的问题，然后再进行心理教育知识学习。所以，在这个部分，我们的优化是和其他地方有一定区别的，这也可能是我的自身条件的缘故。有一次我在大杨树调研，调研空隙郭校长带领我去嘎仙洞参观。我就做了一个实验，一个导游带领 20 多人站在一块石头前面，我站在旁边不断地冲导游点头，不到 1 分钟，导游就只看我不再看她的 20 多个团员了，好像是我花钱雇的她一样。这就是被关注的需要。试想一下，课堂上有多少因为老师自身的"心理贫穷"而需要学生关注的老师，如果是因为老师自身心理条件不够，而让学生帮助成长，那么到底谁应该给谁学费呢？所以，我们的教师三维优化，先从帮助我们教师心理幸福开始。但目前，我们还没有做到位，看来是要继续深入做下去的。

继续加油

　　大杨树的老师们都很淳朴，我们商定不做"标题党"，就是要扎扎实实做一个科学、系统、全面的教育教学实验。不会有个想法就弄个大课题，为了成绩忘记了"为什么出发"。开始的时候我还有点着急，后来我也在大家的"教育下"稳定了下来。这是一个值得我们投入的事业，我们做良心的教育，为孩子的一生考虑，做好指挥官角色。